보이차 마스터 **3**

보이차 마스터 3 : 건강을 생각하는 티타임

제1판 제2쇄 발행	2019년 1월 28일
제1판 제1쇄 발행	2017년 2월 28일
지은이	김태연, 대익다도원
사진	대익다도원, 하보숙, 김학리
펴낸이	허재식
펴낸곳	도서출판 조율
주소	경기도 파주시 탄현면 헤이리마을길 82-91. B동 301호
전화	031-944-8166
전송	031-944-8167
전자우편	joyul@joyulbook.com
홈페이지	www.joyulbook.com
출판신고	제406-2009-000053호(2009년 7월 27일)

© 김태연·대익다도원, 2017
ISBN   978-89-97169-31-3 (14590)
　　　　978-89-97169-20-7 (세트)

값　　　7,000원
저자와 협의하여 인지는 생략합니다.

이 도서의 국립중앙도서관 출판시도서목록(CIP)은 서지정보유통지원시스템 홈페이지(http://seoji.nl.go.kr)와 국가자료공동목록시스템(http://www.nl.go.kr/kolisnet)에서 이용하실 수 있습니다.
(CIP제어번호: CIP2017003873)

보이차 마스터 ③

김태연 · 대익다도원

조율

들어가며

홍차 혹은 녹차. 우리에게 참으로 친근한 차다. 보스턴 차 사건이나 아편전쟁 등 학창시절 교과서를 통해 접했던 굵직한 역사적 사건들의 단초를 제공한 세계적이고 역사적인 식품이다. 그리고 하동, 보성, 제주도 등 우리나라에서도 맛있는 녹차가 생산되고 있기에 우리에게도 낯설지 않다. 게다가 대형 프렌차이즈 카페부터 동네 어귀에 자리한 조그만 카페에 이르기까지 깔끔하게 우린 오리지날 홍차나 녹차 외에도 버블티, 그린티 라떼, 로얄 밀크티 등 다양한 차 음료들은 이미 기본 아이템이 된지 오래다.

언젠가부터 녹차도 아니고 홍차도 아닌, '보이차'라는 낯선 이름을 가끔씩 듣게 되었다. 전 세계 수많은 나라들 중에서 우리나라 사람들이 가장 많이 방문하는 나라가 중국이다. 우리에게 이처럼 익숙한 나라인 중국에서 만들어진다는 보이차는, 독특한 맛도 있고 건강에도 좋을 뿐만 아니라 오래 두어도 된다고 하니 참으로 신기할 따름이다. 중국 여행 길에 궁금해서 사왔던 차, 혹은 중국을 다녀온 지인이 기념 선물로 사다 준 차가 우리 집 어느 한구석쯤에 들어와 자리 잡고 있다. 한지와 비슷한 종이에 싸인 둥글 넙적한 모양이 주를 이루는 낯선 차는 이렇게 우리 곁으로 다가왔다.

그런데, 막상 보이차라는 것을 마셔보려고 하니 어떻게 해야 하는 지를 잘 모르겠다. "몇 년 전에 사놓고는 까맣게 잊어버리고 있던 것을 지금 마셔도 될까? 평소 먹던 녹차나 홍차와는 다르게 한 덩어리로 붙어 있는 이것을 어떻게 잘라야 하는 걸까? 그냥 녹차 우리듯이 우리면 될까? 아니면 보리차 끓이듯이 주전자에 넣고 푹 끓여야 하나? 도대체 양은 또 얼마나 넣어야 하는 거지?" 이리저리 생각을 하다 보니, 머릿속이 복잡해진다. 차 한 잔 마시는데 뭐 이리 생각할 게 많은가 하며 차를 다시 제가 있던 구석에 도로 돌려놓는다.

평소에 다양한 도구를 사용하여 차를 우려 마시는 것에 익숙하지 않은 사람이라면, 선물 받은 보이차를 놓고 누구나 한번쯤 이런 상황을 경험한 적이 있을 것이다. 그러나 사실, 간단하게 보이차를 마시고자 한다면 별로 어려울 것도 없다. 어차피 차의 한 종류고 마실거리인데, 녹차나 홍차와 크게 다를 바가 무엇이 있겠는가.

커피 역시 우리에게 그렇게 다가왔다. 처음에는 블랙커피냐 다방커피냐 만을 따졌지만, 이제는 에스프레소, 아메리카노, 라떼, 카라멜 마끼아또 등의 커피 메뉴는 중고등학생도 술술 달할 수 있을 만큼 대중화되었다. 이제는 적지 않은 사람들이 집에서 커피 머신을 사용하거나 드립 커피를 내려마시고, 산지나 로스팅 정도에 따른 맛도 구분하는 사람들도 많아졌다. 이 역시 처

음부터 그랬던 것은 아니지 않은가.

보이차 역시 마찬가지다. 언제 어디서나 쉽고 편하게 즐길 수 있는 티백tea bag도 있고, 우유를 더해 밀크티milk tea로 만들 수도 있고, 과일이나 향신료를 더해 베리에이션 티variation tea를 만들어도 좋고, 세월의 묵직함이 묻어나는 진년보이차aged Pu'er tea를 즐기는 것도 가능하다. 보이차에 대한 아주 기본적인 지식만 안다면 말이다.

그래서 '보이차 마스터' 시리즈는 보이차에 대한 가장 기초가 되는 지식들을 쉽게 전달하여, 우리 집 한구석에 잠자고 있는 보이차를 꺼내 가까이 두고 즐길 수 있기를 바라는 마음에 기획하였다. 이 책에 보다 쉽게, 편하게, 부담 없이 보이차를 즐길 수 있게 되기를 바라는 작은 희망을 담았다.

자, 이제 책을 펼치고 맛있는 보이차를 즐겨보자.

2017년 새해
대익다도원 김태연

들어가며 • 5
보이차, 건강에 이로운 음료일까? • 11

01 보이차의 성분과 효능
1 보이차의 성분 • 16
2 역사 기록이 말해주는 보이차의 효능 • 26
3 현대의 보이차 효능 연구 • 30

02 현대인의 병증과 보이차
1 고지혈증과 보이차 • 36
2 고혈압과 보이차 • 48
3 당뇨와 보이차 • 58
4 동맥경화와 보이차 • 68
5 비만과 보이차 • 76
6 암과 보이차 • 88
7 노화와 보이차 • 96

03 차와 건강의 새로운 패러다임
1 보이차로 지키는 건강, 티톡스 • 104
2 차에 관한 오해와 진실 • 109

참고 문헌 • 117

일러두기

1. 중국의 책 이름은 우리나라에서 쓰이는 발음대로 표기하였다.
    예) 번차오깡무 → 본초강목
2. 중국의 인명, 지명 등 고유명사는 외래어 표기법에 따라 표기하였다.
    예) 조학민 → 자오쉐민, 운남 → 윈난

보이차, 건강에 이로운 음료일까?

보이차는 매우 오랜 역사를 지닌 차다. 800년대부터 보이차에 대한 기록이 있으니, 최소 이미 1300여 년의 역사가 있다. 그러나 우리나라에서의 보이차의 역사는 그리 오래되지는 않았다. 우리나라에 본격적으로 보이차가 들어오고 음용하기 시작한 것은 1970년대 즈음, 홍콩이나 대만을 왕래하던 일부 사람들의 손을 통해 조금씩 들어오게 된 것으로 추정해 볼 수 있다. 이처럼 중국 대륙이 아닌 다른 지역을 통해 들어오던 보이차는 1990년대에 이르러 사람들에게 널리 알려지게 되면서 많이 찾아 마시는 차가 되었다.

그런데 이렇게 오랜 시간 동안 존재해왔던 보이차가 어느 날부터인가, 다소는 갑작스럽게 느껴질 만큼 우리에게 알려지게 된 이유는 무엇이었을까?

보이차는 다른 그 어떤 차보다 사람들이 상상할 수 있는 여지가 많은 차다. 믿을 수 없을 정도로 지나치다 싶을 만큼 고가라는 가격, 최소 몇 십 년은 흘러야 먹을 수 있을 만한 진정한 보이차가 된다고 하는 맛에 대한 평가, 기호식품인데도 투자의 대상이 되어 많은 차액을 남길 수 있다고 하는 이야기 같은 것들 말이다. 그러나 무엇보다 우리나라에서 보이차가 대중에게 널리 알려진 것은 건강에 좋다고 하는 수많은 '설說'들 때문이었을 것이다. 실제로 보이차를 판매하는 매장에서나 시음행사 및 박람회 같은 곳에서 만나게 되는 수많은 사람들은 보이차가 건강에 어떻게 좋은지, 실제로 마셨을 때 어떤 효과를 볼 수 있는지를 문의한다. 지금도 인터넷에서 보이차를 검색하면 '보이차 효능'이 가장 상위 연관 검색어로 노출되는 것을 볼 수 있다. 이는 보이차에 대해 관심이 있는 사람이라면 과연 이 차에 어떤 효과가 있는지를 궁금해하고 있다는 단적인 예라 하겠다. 그리고 이제는 보이차가 지니고 있는 성분과 그 효능을 단순한 '설'에 그치는 것이 아니라 과학적으로 증명해 보일 수 있는 시대가 열렸다.

보이차에 관한 연구가 가장 활발한 중국을 비롯하여 세계 여러 나라에서 지금까지 수많은 연구를 통해 보이차에 들어 있는 성분과 그 성분들이 가지고 있는 다양한 효능을 하나씩 입증해 나가고 있다. 예를 들면 혈중지질 농도를 낮춰주고, 혈당을 내려주며, 지방간을 해소시키는데 도움을 주고, 동맥경화증을 완화시킨다든가 하는 효과들이 그렇다. 아울러 항산화, 항방사능, 피로 예방, 노화방지, 콜레스테롤 배출 등에 대한 효능이나 의문점들을 풀어가고 있다.

그러나 보이차에 관한 연구는 아직도 현재진행형이다. 보이차의 성분이나 효과에 대한 부분은 아직까지 밝혀지지 않은 부분이 매우 많이 남아 있어, 앞으로 풀어가야 할 비밀이 많은 분야다. 그러나 적어도, 현재까지 밝혀진 과학적인 결과를 바탕으로 우리가 덮어놓고 맹목적이 아니라, 보다 과학적이고 건강하게 보이차를 즐길 수 있는 길이 조금 더 넓어졌다고 할 수 있다.

보이차는 이제 중국뿐만 아니라 전 세계인이 알고 있고 사랑하는 기호음료이다. 그리고 건강에 긍정적인 역할을 하는 것도 분명한 사실이다. 그러나 세상에 제아무리 우수한 슈퍼푸드일지라도, 단일 식품을 특정 병증을 치유하는 약으로 삼을 수는 없다. 다만, 이 책을 통해 보이차에 대해 잘은 모르지만 작은 관심이라도 있는 사람들이 보다 건강한 방법으로 보이차를 꾸준히 즐길 수 있기를 바라는 마음이다.

요즘은 백세시대라고 한다. 풍족한 식생활, 나날이 발전하는 의료 기술로 인해 사람의 평균 수명이 역사의 그 어느 때보다 길어진 오늘날, 이제 건강한 삶의 화두는 '얼마나 오래 사는가'가 아닌 '얼마나 건강하게 살 수 있느냐' 하는 것일 테다. 이제 현대인의 목표는 실제 수명의 연장이 아닌 건강 수명의 연장이 된 지 오래다. 조금 더 즐겁고 조금 더 건강하게 살고자 하는 것이 희망이고 바람인 시대가 된 것이다. 너무나 맛있지만 내 몸을 상하게 할 수 있는 당분 가득한 음료들은 내려놓고, 보이차를 한잔 우려 마셔보자. 그리고 활기차고 건강하고 행복한 인생을 살자.

01

보이차의 성분과 효능

01
보이차의 성분

보이차가 건강에 미치는 영향은 시간이 갈수록 많은 사람들이 관심을 가지고 있는 화제이다. 대부분의 사람들이 보이차를 알게 되거나 접하게 되는 것도 보이차의 효과나 효능에 대한 관심에서 비롯된다고 해도 과언이 아닐 터다. 일반적으로 보이차는 기름을 제거해주고, 술을 깨게 하고, 다이어트나 체내 독소 배출에 효과가 있다고 전해진다. 그래서 중국에서 보이차를 '다이어트 차'라는 의미의 '감비차減肥茶', '장수에 도움을 주는 차'라는 의미의 '익수차益壽茶', '미용에 도움이 된다'는 의미로 '미용차美容茶' 혹은 '귀비차貴妃茶', '마시면 건강하다'는 의미의 '건강차健康茶'라고 부르기도 한다.

보이차가 인체에 미치는 영향을 생각해보려면, 아무래도 보이차가 가지고 있는 성분들에 대한 약간의 이해가 필요하다. 보이차의 원료가 되는 찻잎에는 매우 다양한 성분들이 들어 있다. 그 중에서 보이차의 품질과 풍미를 결정하는 데 큰 영향을 미칠 뿐만 아니라, 차의 고유한 특징을 만들어내는 성분으로는 대표적으로 티폴리페놀, 카페인, 테아닌 등을 꼽을 수 있다.

티폴리페놀 Tea Polyphenol

폴리페놀은 보통 야채, 과일, 와인 등 여러 식품에 들어 있으며, 항산화 기능을 갖기 때문에 폴리페놀이 들어 있는 음식은 보통 건강에 유익한 음식들로 구분되곤 한다.

폴리페놀이란 벤젠고리(C6H6)의 수소 중 하나가 하이드록시기(-OH)로 치환된 물질인 페놀을 2개 이상 가지고 있는 물질을 말한다. 티폴리페놀이란 차나무에서 생성되는 폴리페놀의 일종으로, 여러 가지 화합물로 이루어진 물질이다. 티폴리페놀 중에 카테킨Catechins이 우리에게 가장 널리 알려져 있는 물질이다. 티폴리페놀은 보이차 건물질(찻잎에서 수분을 제외한 나머지 물질) 중에 20~35% 정도를 차지하는, 함유량이 가장 높은 물질이자 가장 중요한 물질이다. 티폴리페놀은 차의 색, 맛, 향기와 모두 밀접한 관계를 가지기 때문에 보이차의 품질과 풍미를 형성하는 가장 중요한 성분 중에 하나다. 차에 함유된 티폴리페놀은 크게 카테킨류, 플라보노이드Flavonoid, 페놀산류Phenolic acids, 안토시아니딘류Anthocyanidins로 분류하는데, 이 물질들은 가공하거나 발효시키는 과정에서 테아플라빈Theaflavins, 테아루비긴Thearubigins, 테아브로닌Theabrownine 등의 물질로 바뀌게 된다.

일반적으로 티폴리페놀은, 활성산소라고 불리며 동식물의 체내 세포 대사 과정에서 생성되는 산소화합물로 노화나 동맥경화, 암 등의 발병 원인과 연관이 있다고 주목 받고 있는 자유기

free radical를 체내에서 제거해주는 효과를 비롯하여, 항산화작용 및 혈중 콜레스테롤 수치를 낮게 해주는 효과가 있는 것으로 알려져 있다.

카페인 Caffeine

카페인은 차에 들어 있는 알칼로이드 중에서 가장 함량이 많은 물질로, 차를 상징하는 중요한 성분 중의 하나다. 보이차에는 약 2.5~5% 정도의 카페인이 포함되어 있으며, 차 중에서는 홍차와 더불어 카페인 함량이 비교적 높은 차에 속한다. 차의 카페인은 새로 자라는 찻잎 뒤쪽에 붙어 있는 털에 가장 많이 함유되어 있으며, 상쾌하고 쓴맛을 구현하는 물질이다.

카페인은 오늘날 기호식품과 치료 약품으로 널리 소비되고 있는 물질로, 일상생활에서 차 외에도 커피, 카카오, 강장 음료 등 다양한 식품에 들어 있다. 주로 대뇌 중추신경에 대한 각성 작용, 이뇨 작용, 중추 흥분 작용 등을 일으키는 성분이기도 하다.

테아닌 Theanine

　테아닌은 아미노산의 일종으로 차 외의 식물에는 거의 존재하지 않는 물질이다. 차에 들어 있는 다양한 아미노산 성분 중에서 가장 많아 약 1~2% 정도 포함되어 있다. 테아닌은 다른 아미노산과 더불어 차를 마셨을 때 느껴지는 감칠맛과 달큰한 맛을 구성하는 매우 중요한 성분이기도 하다.

　테아닌은 자연계에 존재하는 아주 효과가 좋은 신경안정제라고 할 수 있다. 뇌신경세포를 보호하고 두뇌를 활성화시키는 역할을 하며, 면역체계를 촉진시키고, 간을 보호해주는 작용을 하는 인체에 매우 이로운 물질이다.

차다당 Tea Polysaccharide

당류는 자연계에 가장 많이 존재하는 유기화합물로, 다당 및 당복합물이 매우 넓게 분포하고 있고 기능도 다양하다. 특히 다당에는 일종의 면역조절제라고도 할 수 있을 만한 특수한 생물 활성기능이 있다. 차에는 수용성 다당이 존재하고 있는데, 이를 차다당이라고 부른다.

차다당茶多糖은 찻잎에서 추출할 수 있는 일종의 산성 단백으로, 일반적으로 찻잎이 쇠하고 등급이 낮은 것일수록 많이 포함되어 있다. 차다당은 혈중지질을 감소시킬 뿐만 아니라 중성지방의 감소, 항산화 등에 매우 유용한 물질이다.

차색소 Tea Pigment

찻잎에 들어 있는 색소 화합물은 안토시아니딘, 카테킨 등의 천연색소와 테아플라빈, 테아루비긴, 테아브로닌 등의 가공 과정에서 형성되는 색소의 두 종류로 구분할 수 있다. 보이차의 찻잎 색깔 및 차를 우렸을 때 찻물의 색깔, 엽저의 색깔에 영향을 미치는 색소물질은 주로 가공 과정 중에 생성된 색소물질들이다.

차색소茶色素는 매우 강한 항산화 효과와 자유기 제거 효과가 있을 뿐만 아니라 혈류 개선에도 영향을 미치는 것으로 알려져 있다. 차색소 추출성분으로 만들어진 심혈관계질환 치료제도 시판되고 있다.

02
역사 기록이 말해주는 보이차의 효능

보이차는 오랜 역사를 지닌 차인 만큼, 과거 문인들은 보이차를 마시고 이에 관한 많은 글을 남겼다. 청나라 때는 황실에 진상될 만큼 가치를 인정받고 있었기 때문에 보이차 효능에 관한 옛 기록들 역시 청나라 때 쓰여진 것들이 상당히 많다.

청나라 자오쉐민趙學敏이 편찬하여 간행한 본초학서인 『본초강목습유本草綱目拾遺』(1765년)는 10권으로 구성된 책인데, 여기에 보이차의 효능에 대해 잘 설명이 되어 있다.

> 보이차고는 까맣기가 마치 칠과 같고 술을 깨우는 데 제일이다. … 소화를 잘 시키며 담을 없애고, 위를 깨끗이 하고 침이 돌게 한다. 보이차는 맛이 쓰고 강하며, 기름기와 소, 양고기의 독을 풀어준다. 쓰고 떫으며, 담을 없애주고, 장을 이로우며 막힌 것을 풀어준다.
>
> 普洱茶膏, 黑如漆, 醒酒第一. … 消食化痰, 清胃生津, 功力尤大也. 普洱茶味苦性刻, 解油膩牛羊毒, 逐痰下氣, 刮腸通泄.

또한 같은 책 6권의 「목부木部」에는 이런 기록도 있다.

> 보이차고는 백 가지 병을 고칠 수 있다. 배가 부풀어 올라 한기가 들 때는 생강을 넣고 끓여 마시고 땀을 내면 낫는다. 입이 부르트고 목에 열이 날 때는 차고 오푼을 입에 넣고 하룻밤 지내면 낫는다.
> 普洱茶膏能治百病. 如肚脹受寒, 用姜湯發散, 出汗即愈. 口破喉顙, 受熱疼痛, 用五分茶膏噙口內, 過夜即愈.

청나라 왕쓰숑王士雄이 일상생활에 섭취할 수 있는 식물에 관해 기록한 책 『수식거음식보隨息居飮食譜』(1861년)에는 보이차의 효능에 대해 다음과 같이 언급하고 있다.

> 보이에서 난 차는 맛이 강하고 기운이 세다. 구토와 풍으로 생긴 가래에 좋고, 고기를 잘 소화시킨다. 여름에 사기로 인해 생긴 복통, 콜레라, 이질 등의 초기 증상에는 이를 마시면 빨리 낫게 한다.
> 普洱産者, 味重力峻, 善吐風痰, 消肉食. 凡暑穢痧氣腹痛, 乾霍亂, 痢疾等證初起, 飮之輒愈.

이 외에도, 왕챵王昶의 『전행목록滇行目錄』에서 "보이차는 맛이 매우 진하고 병을 고칠 수 있다.(普洱茶味沉刻, 可療疾.)", 청나라 롼푸阮福의 『보이차기普洱茶記』에 "소화를 돕고, 한기를 가시게 하다, 해독한다.(消食散寒解毒)"라고 한 기록들을 찾아볼 수 있다. 이처럼 보이차는 300여 년 전부터 기름기를 제거하고 소화를 돕는 등 소화 계통에 효과가 있고, 항균효과와 한기나 복통 등의 병을 고칠 수 있다고 생각되는 자연 치료제였다.

03
현대의 보이차 효능 연구

녹차의 폴리페놀 성분부터 점화되기 시작한 차 성분에 대한 연구는 이제 다양한 차 종류로 영역을 넓혀 가고 있다. 그리고 그 중심에 보이차가 있다.

보이차는 중국 원난성에서 운남대엽종 차나무의 잎을 이용하여 만들어지는 차다. 보이차의 종류에는 제조과정에 따라 먼저 운남대엽종의 찻잎을 살청, 유념, 쇄청건조 등의 기본적인 과정을 통해 쇄청모차로 만들었다가 찻잎에 증기를 쐬어 긴압하여 형태를 만드는 생차와 인공적으로 발효의 과정을 거친 후에 긴압차로 만드는 숙차가 있다.

이처럼 같은 이름이지만 확연하게 다른 두 가지의 특징을 갖는 보이차는, 효능에 대한 연구도 꾸준히 진행되고 있다. 사람들의 수명이 지속적으로 길어지고 있는 현대 사회에서 건강한 생활 방식에 대한 관심이 높아지고 있다. 더불어 음식이나 생활 습관의 변화를 통해 건강을 영위하고자 하는 사람은 점점 더 많아지고 있는 상황이다. 이런 시대적 흐름과 맞물려 보이차가 갖는 효능에 대한 관심은 어느 때보다 뜨거우며, 현대 과학 기술의 끊임없는 발전, 의학과의 협업 등은 보이차의 연구를 지속적으로 진행하는 원동력이 되고 있다.

보이차 성분이 인체에 미치는 효과에 대한 연구의 초석을 다진 것으로 평가 받고 있는 것은 1979년 파리에서 발표된 실험의 결과로, 40명의 성인 남녀에게 보이차를 음용하게 한 후 체중의 변화를 측정했던 것이다. 거의 40여 년 전에 진행됐던 이 실험에서 참여자들은 평소의 식생활에 변화를 주지 않은 상태에서 윈난의 타차花茶를 마시는 것 만으로도 체중의 감소가 일어났을 뿐만 아니라 중성지방의 수치가 떨어지고, 총 지질 및 콜레스테롤 수치가 낮아진 것으로 나타났다. 이 실험을 시작으로 지금까지 진행된 연구를 통해 밝혀진 바 있는 대표적인 효능은 혈중지질농도를 낮추고, 살을 빠지게 해주고, 동맥경화를 예방하거나 암을 예방하고, 위를 보호한다거나 노화를 늦춰주는 것 등이다. 보이차, 특히 보이 숙차는 가공 과정 중에서 대부분의 폴리페놀 물질, 즉 테아플라빈, 테아루비긴 등이 산화되고 취합되는 과정을 통해 테아브로닌으로 형성된다. 이러한 성분들이 취합되는 과정을 통해 차의 쓰고 떫은 맛은 감소되고 수용성 당이 크게 증가하여 보이차 특유의 두텁고 매끄러운 맛, 묵직한 풍미가 만들어진다. 또한 보이차에 들어 있는 성분들은 항산화, 노화방지, 피로해소, 항암 등의 효과가 있어 건강에도 도움이 되는 것이다.

02

현대인의 병증과 보이차

01
고지혈증과 보이차

고지혈증 이야기

　고지혈증은 단어에 쓰인 한자 그대로 '혈액[血] 안에 지방[脂]이 과도하게 많은[高] 병증[症]'을 말한다. 우리가 음식을 먹음으로써 몸으로 들어오는 지방이나 콜레스테롤은 기본적으로 장에서 흡수되어 간에 저장이 된다. 그러면 다시 간은 지방을 콜레스테롤로 바꾸고 이를 혈류로 방출하는 등의 역할을 한다. 이런 과정을 거치기 때문에 우리의 혈액 속에는 지방이 들어 있기 마련인데, 이 혈액 중의 콜레스테롤이나 중성지방 등이 일정 수준을 초과해 높아진 상태를 고지혈증이라고 한다. 일반적으로 총콜레스테롤[*]이 250mg/*dl*을 넘거나, 중성지방[**]이 200mg/*dl* 이상일 때 고지혈증이라고 판단한다.

---

[*] 총콜레스테롤(TC, Total cholesterol)　혈청 중의 에스테르형, 비에스테르형(유리형) 콜레스테롤을 합친 것을 말한다. 권장 적정 수준은 200mg/*dl* 미만.
[**] 중성지방(TG, Triglyceride)　지질의 한 종류로 3개의 지방산과 글리세놀이라는 물질이 연결된 것. 음식물로 섭취하는 지방질의 95% 이상은 중성지방이다. 권장 적정 수준은 150mg/*dl* 미만.

그런데, 우리가 모든 병의 근원이 되며 몸매 관리를 위해서라도 줄일수록 좋다고 생각하고 있는 중성지방이나 콜레스테롤은 반드시 나쁘기만 한 것일까?

중성지방은 매우 효율성 좋은 에너지원이자, 체온을 유지하거나 뼈 및 각종 장기를 보호하는 등의 다양한 역할을 하는 물질이다. 또한 콜레스테롤은 지방의 흡수를 돕는 담즙산을 만드는 원료가 되기도 하고, 스테로이드 호르몬 합성을 하기도 하고, 세포막을 만들어 내고 일정한 기능을 하기 위해서는 반드시 필요한 물질이기도 하다. 이처럼 중성지방이든 콜레스테롤이든 원래 인체에는 반드시 필요한 것이기에 무조건 섭취를 줄이거나 몸에서 빼내야 하는 것이라고 생각할 필요는 없다.

그러나 우리가 이를 나쁜 것으로 받아들이게 된 이유는 여러 가지 원인으로 인해 중성지방이나 콜레스테롤이 쉽게 과잉 상태가 나타나기 때문이다. 체내에 필요한 것보다 많은 과잉이 일어나게 되면 남는 양이 몸 안에 축적된다. 예를 들어, 식사 등으로 섭취한 중성지방은 에너지원으로 사용이 되지만, 필요한 양보다 많이 섭취하게 되면 몸에서 사용하고 남은 중성지방이 간과 지방조직, 특히 피하지방이나 내장지방 등으로 축적되게 된다. 또한 물에 녹지 않는 중성지방은 수치가 과하게 높을 경우 저밀도 지단백 콜레스테롤을 만들어 내 동맥경화증이나 당뇨 등을 유발하는 원인이 되기도 한다.

사실, 건강을 유지하기 위한 필수 요소로서의 콜레스테롤은 소량의 지방 섭취만으로도 충분하다. 그러나 고지방의 식단, 음주, 비만을 비롯하여, 당뇨, 간질환, 신장질환 등의 병증이나 유전적인 요인 등 다양한 원인으로 인해 혈중 콜레스테롤은 쉽게 과잉 상태가 된다. 특히 동물성 기름이나 버터, 쇼트닝 등의 포화지방, 트랜스 지방이 포함된 고열량의 음식을 즐겨먹는 습관이나 탄수화물을 지나치게 많이 섭취하는 습관은 체내 콜레스테롤과 중성지방을 많이 쌓이게 한다. 한국인이 가장 사랑하는 음식이라는 치킨이나 삼겹살을 자주 먹는 식습관, 그리고 이러한 고지방 음식과 흔히 곁들이게 되는 맥주나 소주와 같은 술, 빵이나 파스타 등의 탄수화물이 집중된 음식을 즐겨먹는 취향 등은 중성지방의 섭취를 증가시키며 체내 콜레스테롤 과잉의 상태가 되게 만든다.

올바르지 못한 식습관과 더불어, 컴퓨터와 휴대전화를 사용하면서 생활의 편리성이 커진 만큼 줄어든 운동시간은 대표적

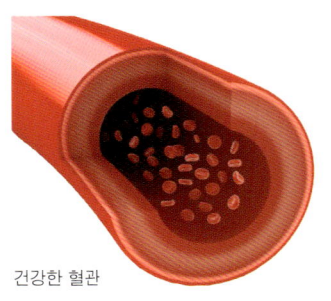
건강한 혈관

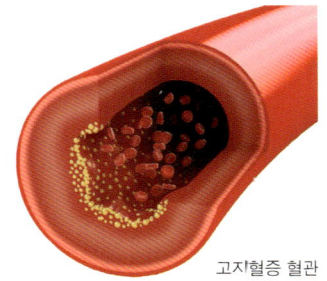
고지혈증 혈관

인 고지혈증의 원인으로 손꼽힌다. 유산소운동은 고밀도 지단백 콜레스테롤 수치를 올려줄 수 있지만, 운동 부족으로 인해 고밀도 지단백이 줄어들고 비만이 나타나게 된다. 일반적으로 비만이 있는 경우, 비만이 없는 사람보다 총콜레스테롤 수치가 높고 상대적으로 고밀도 지단백 콜레스테롤 수치는 낮기 때문이다. 이 외에도 유전적 요인으로 인한 가족성 고지혈증이나 다른 병증으로 인해 복용하는 약이 콜레스테롤 수치를 증가시켜 고지혈증을 일으키는 경우도 있다. 그리고 고밀도 지단백 콜레스테롤 수치를 떨어트리는 흡연, 임신으로 인한 변화, 또 나이가 들면서 늘어나는 콜레스테롤 역시 원인이 될 수 있다.

이처럼 다양한 원인에 의해 혈액 속에 과잉으로 남아도는 지방 성분의 물질들이 혈관벽에 쌓이게 되면서, 이로 인해 혈관은 점점 좁아지게 된다. 이렇게 혈관이 지속적으로 좁아지면 혈액이 잘 통과하지 못하게 될 뿐만 아니라 혈관벽에 쌓인 지방 성분의 물질은 흔히 피떡이라고 부르는 혈전血栓, thrombus을 만들어낸다. 혈전으로 인해 좁아진 혈관이 막히면서 혈액의 흐름이 차단되면, 혈액이 공급되지 않는 곳의 조직들은 죽게 되는 것이다. 혈전이 생기고 혈액 흐름이 막히는 부위에 따라 각기 다른 병증을 발생하게 되는데, 뇌동맥이면 뇌출혈이나 뇌혈전증, 심장이면 협심증이나 심근경색, 심부전, 급사 등을 유발한다. 또한 부정맥이나 말초동맥이면 괴양이나 괴저 등이 나타나게 된다.

콜레스테롤의 두 얼굴,
저밀도 지단백 콜레스테롤 vs 고밀도 지단백 콜레스레롤

콜레스테롤은 지단백이라는 분자 속에 있고, 지단백의 구성 요소의 비율에 따라 여러 가지로 구분된다. 그 중에서도 특히 저밀도 지단백 콜레스테롤인 LDL-C(Low-Density Lipoprotein Cholesterol)와 고밀도 지단백 콜레스테롤인 HDL-C(High-Density Lipoprotein Cholesterol)가 매우 중요하다.

저밀도 지단백 콜레스테롤은 혈중 콜레스테롤의 4분의 3 정도를 차지하고 있으며, 세포로 콜레스테롤을 운반하는 역할을 하는 물질이다. 일반적으로 저밀도 지단백 속 콜레스테롤은 조직세포 내로 흡수되어 고밀도 지단백이 조직세포 내로 흡수된 콜레스테롤을 제거한다. 그러나 콜레스테롤이 많아져 저밀도 지단백이 많게 되면 조직세포 내로 콜레스테롤이 흡수되지 못하고 청소를 담당하는 포식세포에게 흡수당한다. 저밀도 지단백으로 가득 찬 대식세포는 혈관 내막에 쌓이며, 지방

침전물이 생성되는 것이다. 그리고 혈중 콜레스테롤, 중성지방, 지방 침전물의 증가는 동맥경화, 고혈압 및 심혈관계질환을 불러 일으키는 요인이 된다. 이 때문에 저밀도 지단백을 나쁜 콜레스테롤이라고도 부르기도 하고 과잉 상태가 되지 않도록 유지하는 것이 중요하다. 적정 권장 수준은 130㎎/㎗ 미만이다.

　반면, 고밀도 지단백은 저밀도 지단백이 조직세포 내로 보내온 콜레스테롤을 흡수하고 간으로 이동해 콜레스테롤 수치를 낮추는 역할을 한다. 이 때문에 심장질환과 뇌졸중에 대한 예방 효과가 있어 착한 콜레스테롤, 혹은 좋은 콜레스테롤이라고도 부른다. 고밀도 지질백 콜레스테롤의 적정 권장 수준은 50㎎/㎗ 정도이다. 따라서 건강한 삶을 위해서는 나쁜 콜레스테롤이라 부르는 저밀도 지단백 콜레스테롤 수치는 낮추고, 착한 콜레스테롤이라 부르는 고밀도 지단백 콜레스테롤 수치는 높여주는 것이 도움이 될 수 있다.

고지혈증과 보이차

고지혈증의 예방이나 치료의 기본은 운동과 식이요법을 통해 체내에 있는 지방, 즉 콜레스테롤이나 중성지방 등을 줄이는 것부터 시작된다. 건강한 생활습관이나 식습관과 더불어 차를 통해 다소라도 도움을 받을 수 있다. 차에 들어 있는 티폴리페놀이나 차다당의 성분들은 기본적으로 체내 지질 감소에 어느 정도 영향을 미치는 것으로 알려져 있다. 그리고 이러한 성분들은 찻잎으로 만든 차라면 어느 것이든 기본적으로 포함되어 있기도 하다. 여러 가지 차 중에서도 특히 보이차의 혈중지질 감소 효과가 매우 탁월한 것으로 연구 결과들이 발표되고 있다.

1980년대부터 일본에서 시작된 연구에서 보이차는 총콜레스테롤 및 중성지방을 낮추고 지방조직의 중성지방 분해를 촉진하여 지방조직의 중량을 줄이는 효과가 녹차보다 높다는 것이 알려졌다.[1] 2000년대에 들어서 나온 연구 결과를 보면 4개월 동안 보이차 추출물을 섭취하게 하는 임상실험을 통해 고콜레스테롤 환자의 체내 혈중 총콜레스테롤 및 저밀도 지단백의 수준이 현저히 낮아지는 것을 발견했다.[2] 또한 보이차에 대한 인체실험 및 동물실험을 진행한 결과, 보이차는 특별한 부작용 없이 혈액의 콜레스테롤을 감소시키는 역할을 할 수 있는 것으로 밝혀졌다.[3] 이와 관련, 중국에서는 60례의 혈중지질 이상환자들에게 보이차 편을 복용하게 한 후 총콜레스테롤, 중성지방, 저밀도 지단백이 현저히 낮아지는 효과가 있다는 연구 결과를 발표하였다.[4] 보이차에 들어 있는 티폴리페놀은 총콜레스테롤과 중성지방뿐만 아니라 저밀도 지단백 콜레스테롤을 낮추고, 좋은 콜레스테롤인 고밀도 지단백 콜레스테롤의 비율을 높이는 데 효과가 있어,[5] 보이차의 티폴리페놀이 고지혈증을 예방하거나 치료하는 데 도움을 줄 수 있다는 사실이 입증되었을 뿐만 아니라, **보이차의 혈중지질의 감소효과는 오룡차나 홍차보다 우수한 것으로 알려졌다.**[6]

최근 십여 년 간 보이차와 콜레스테롤에 대한 연구는 보다 본격적으로 진행되었는데, 이는 보이 숙차에서 스타틴Statins 물질의 한 종류인 로바스타틴 Lovastatin이 발견되었기 때문이다. 스타틴계열은 고지혈증 치료에 주로 사용되는 약물의 한 종류로, 콜레스테롤의 합성을 저해하는 효과가 있으며 저밀도지단백 콜레스테롤 및 일부 중성지방을 떨어트리는 효과가 있는 물질이다. 이러한 스타틴에 속하는 로바스타틴 역시 과콜레스테롤 혈증 치료제의 하나인 만큼 콜레스테롤의 수치 조절에 큰 영향을 미칠 수 있는 물질이다. 이는 녹차, 홍차를 비롯하여 보이 생차에서도 나타나지 않지만, 보이 숙차에서는 발견되었다. 보이 숙차의 스타틴은 지역에 따라 다소 다른 것으로 나타나, 맹해지역 보이차의 스타틴 함량이 하관이나 이무지역보다 다소 높다는 연구 결과가 발표된 바 있다.[7] 또한 대만에서 이루어진 연구에 따르면, 보이차 제조과정 중 찻잎이 발효를 거치며 미생물이 만들어 내는 것이기 때문에,[8] 앞으로 보이차의 발효 기재에 관한 연구 및 발효 방법의 개선과 발전이 보이차의 스타틴 함량을 결정짓는 가장 중요한 요인이 될 것으로 예상된다.

이 외에도 폴리페놀 산화 화합물인 테아브로닌은 간에 지방이 쌓이는 것을 줄여주어 지방간이 형성되는 것을 예방할 수 있으며,[9] 현재까지 연구를 통해 보이차에 함유된 티폴리페놀, 차다당, 테아브로닌, 스타틴 등의 물질은 모두 지질강하 효능을 가지고 있는 것으로 밝혀졌다. 그러나 정확이 어떤 물질이 어떤 분야에 가장 효과가 좋은지에 대해서는 연구가 계속 진행 중에 있다.

02
고혈압과 보이차

고혈압 이야기

혈압은 심장 박동의 펌프와 같은 작용으로 인해 동맥 혈관벽에 대항해 생기는 동맥의 압력을 의미한다. 심장에서 동맥을 통해 혈액이 방출될 때 혈관벽은 탄력이 있기 때문에 조금 넓어지게 되고 혈액은 혈관벽에 대해 혈압을 발생시키게 되는 원리인 것이다. 보통 심장이 수축하면서 동맥 혈관으로 혈액을 내보낼 때의 압력이 가장 높은데, 이를 수축기 혈압Systolic blood pressure 혹은 최고혈압Maximal blood pressure이라고 한다. 반대로 심장이 이완될 때의 혈압을 이완기(확장기) 혈압Diastolic blood pressure 또는 최저혈압Minimal blood pressure이라고 한다. 혈압을 측정할 때는 수축기와 이완기의 혈압을 모두 측정하여 고혈압이나 저혈압 등의 질병이 있는지를 판단하는 것이다.

고혈압이란 혈압이 높아지는 질병의 총칭이며, 전신의 세동맥이 수축하여 동맥의 내공이 좁아지기 때문에 조직으로 가는 혈류가 나빠져서 일어나는 상태를 말한다. 고혈압에 대한 판단은 다음의 기준에 따른다.

단계	수축기 혈압	이완기 혈압
정상	120mmHg 미만	80mmHg 미만
고혈압 전단계	120~139mmHg	80~89mmHg
1기(경도) 고혈압	140~159mmHg	90~99mmHg
2기(중증도) 고혈압	160mmHg 이상	100mmHg 이상

고혈압의 발생 원인은 매우 다양한 것으로 알려져 있지만, 기본적으로는 레닌-안지오텐신-알도스테론Renin-Angiotensin-Aldosterone계의 호르몬 반응과 연관되며 인슐린 저항성의 교감신경 항진, 혈관수축 물질 분비의 증가 및 신장 기능감소로 인한 나트륨 저류 등에 의한 것으로 알려져 있다.

고혈압의 발생을 촉진시키는 원인으로는 가족력, 식습관, 연령, 음주, 스트레스, 비만, 과로, 운동 부족 등 매우 다양한데, 특히 그 중에서도 가족력과 식습관, 연령 등이 가장 큰 영향을 미친다.

고혈압은 평소에는 별다른 증상이 없이 진행되기 때문에 발견이 어려운 경우가 많다. 간혹 두통, 현기증, 피로감 등의 경미한 증상이 나타나기도 하지만 별일 아닌 것으로 넘기기 쉽다. 그러나 방치했을 경우 뇌출혈과 같은 뇌혈관 질환, 심부전증, 관상동맥질환, 신장질환, 말초동맥질환 등 매우 심각한 합병증을 초래하는 원인이 되기 때문에 각별히 주의해야 하는 병이다.

전 세계적으로 성인 인구의 약 30% 이상이 심혈관계질환으로 사망하고 있는데, 고혈압은 심혈관계질환의 발병 원인에서 50% 이상을 차지한다. 또한 우리나라 사람들의 사망원인 10위에 꼽히는 것이 고혈압계 질환으로 발표된 바 있다. 우리나라 국민은 2040년까지 고혈압, 관절염, 뇌졸중 등 만성질환에 의한 질보정수명의 손실이 2.6배 이상 증가할 것으로 예상하고 있다.

---

* 질보정수명(QALYs, Quality adjusted life years) 삶의 질이 반영된 수명.

고혈압 발생의 3대 원인

가족력

고혈압에 관한 가족력 관련 보고에 따르면, 부모 모두가 고혈압일 경우 자녀의 약 70%, 부모 어느 한쪽이 고혈압이면 자녀의 약 50%가 고혈압이 발생한다. 남성은 부친의 고혈압 병력, 여성은 모친의 고혈압 병력과 밀접한 관계가 있는 것으로 알려져 있어, 유전은 고혈압 발생의 가장 중요한 요인으로 손꼽히고 있다. 또한 가족력은 단순한 유전인자뿐만 아니라 같은 주거 환경과 식습관을 가진 경우가 많아 같은 질병이 발생할 확률이 상대적으로 높다.

식습관

나트륨의 과잉섭취는 고혈압의 주요 원인의 하나로 인식되고 있는데, 우리나라는 전통적인 김치, 장류, 젓갈 등 소금 함량이 높은 식품의 섭취와 더불어 서구화된 식생활의 영향으로 나트륨의 과잉섭취가 이루어지고 있는 현황이다. 한국인의 소금 섭취량은 일일 평균 15~20g 정도로 추정되고 있는데, 이는 WHO의 권장량의 서너 배에 달하는 양이다. 나트륨의 과잉 섭취는 본태성 고혈압의 원인으로 알려져 있으며, 적당한 나트륨의 섭취는 고혈압 예방 및 치료를 위한 주요한 요인으로 손꼽힌다.

연령

연령의 증가는 고혈압의 가장 큰 위험 요인으로서 나이가 많아질수록 혈압 역시 같이 상승한다는 보고가 있다. 따라서 노화 자체가 혈압을 올리는 원인으로 작용하여 60세 이상인 사람의 고혈압 발생률이 60세 미만보다 2배 이상 높다.

고혈압과 보이차

고혈압에 대한 치료는 약물치료를 기반으로 한 의학적 치료가 반드시 필요하지만, 최근에는 고혈압에 대한 비약물치료에 대한 관심이 높아지고 있다. 비약물치료란 건강한 식습관, 규칙적인 운동, 금연, 절주 등과 같은 생활 습관의 개선으로 인한 자연적 혈압 강하효과를 기대하는 것이다. 이는 초기 및 중증도 이상의 고혈압 환자에게 있어서는 의학적 치료와 병행되야 하는 필수요소지만, 고혈압 전 단계의 혈압 위험군이나 보통 사람에게도 고혈압 예방 차원에서 적극적으로 권장할 만한 방법이다. 평소에 꾸준히 차를 마시는 것은 이러한 비약물치료의 일환으로 생각해 볼 수 있는 방법 중의 하나라 할 수 있다.

기본적으로 찻잎으로 만든 모든 차에 함유되어 있는 티폴리페놀은 체내에서 자유기를 제거해주고 혈류를 개선해주는 효과가 있다. 폴란드에서 56명의 비만 고혈압환자를 대상으로 3개월간 녹차 추출물을 원료로 한 에피갈로카테킨 갈레이트 EGCG(Epigallocatechin gallate)가 다량 함유된 캡슐을 복용하게 하고 혈압의 변화를 관찰한 결과 수축기 혈압 및 이완기 혈압이 모두 낮아지는 효과를 보였다.[1] 또한, 일본에서 이루어진 연구 결과에 따르면 홍차폴리페놀과 녹차폴리페놀이 모두 수축기 및 이완기 혈압을 낮췄으며 이는 티폴리페놀의 산화 방지 매커니즘에 의해 형성된다는 것을 밝혀낸 바 있다.[2]

보이차의 혈압과 관련된 연구에 관해서는 중국에서 1990년에 발표된 연구결과가 있다. 이 연구에 따르면, 보이차를 마시고 나면 마시기 전에 비해 뇌혈관의 생리적 상태와 뇌혈류 동력학 상태에 모두 변화가 생기는 것으로 나타났다. 심박수가 느려지기 때문에 심장에서 혈액이 더 적게 방출되며, 혈압이 낮아지는 결과를 나타내게 된다. 혈관의 이완압력이 내려가기 때문에 단위 시간당, 단위 면적당 유입되는 뇌혈관의 혈류도 감소하여 혈류 압력이 떨어짐으로써 뇌혈류도의 파동폭이 눈에 띄게 줄어든다. 즉, 보이차의 성분으로 인해 혈관이 이완되고, 혈압이 일시적으로 떨어지며 심장박동이 늦어지고, 뇌의 혈류량이 감소하는 등의 변화를 기대할 수 있다.[3]

* 자유기(Free radical) 활성산소라고도 부르며, 동식물의 체내 세포들의 대사과정에서 생성되는 산소화합물로 노화나 동맥경화, 암 등의 발병 원인과 관계가 있는 것으로 알려져 있다.
** 에피갈로카테킨 갈레이트(EGCG) 찻잎에 들어 있는 카테킨의 45~60%를 차지하는 물질로, 강력한 항산화작용을 하는 것으로 알려져 있다.

03
당뇨와 보이차

당뇨 이야기

　당뇨란 소변[尿]으로 포도당[糖]이 배출된다는 의미를 지닌 이름의 질환이다. 포도당은 탄수화물의 기본 구성 성분으로, 우리가 탄수화물 등이 포함된 음식을 먹었을 때, 입에서는 엿당으로, 소장에서는 포도당으로 소화효소에 의해 소화된 후 혈액으로 흡수된다. 이렇게 흡수된 포도당이 우리 몸의 세포들에서 사용될 때 췌장에서 분비되는 인슐린이라는 호르몬이 매우 중요한 역할을 한다. 인슐린은 혈액 속에 있는 당이 세포 안으로의 이동하는 것을 촉진시키고, 남는 포도당은 간에서 글리코겐으로 전환되어 저장될 수 있도록 돕는 역할을 한다. 즉, 혈액에 있는 당이 세포 내로 들어가 에너지원으로 전환되려면 인슐린을 필요로 하는데, 당뇨병에 걸리게 되면 혈중 인슐린이 부족하거나 인슐린 수용체의 기능이 떨어지게 된다. 그러면 포도당이 세포 내로 제대로 유입되지 못하고 혈중 포도당, 즉 혈당의 수치가 높아지게 되는 것이다. 정상인의 경우 당이 넘쳐나지 않을 정도의 범위에서 혈당이 조절되는데, 당뇨병 환자는 포도당이 혈액에 쌓여 소변과 함께 빠져 나오게 되는 원리라고 할 수 있다.

이처럼 소변으로 포도당이 지속적으로 빠져나가게 되면, 수분을 같이 끌고 나가기 때문에 소변의 양이 늘어난다. 이 과정이 반복되면 체내 수분이 부족해지고 쉽게 갈증을 느끼게 된다. 그래서 당뇨병의 가장 대표적인 증상이 물을 많이 마시고, 소변을 많이 보고, 음식 섭취량이 늘어나는 것이다. 하지만 음식을 많이 섭취하더라도 영양분이 몸에서 제대로 이용되지 않고 오히려 빠져나가는 것이 많아, 상대적으로 피로감을 더 느끼게 되기도 하고 경우에 따라 체중이 줄어들기도 한다. 그러나 당뇨 초기 단계거나 증상이 심하지 않은 많은 경우에 자각 증상 없이 넘겨 병을 키우는 경우가 종종 발생한다.

당뇨병은 진행성 질환으로 일단 발생하면 치료가 어렵고 장기적으로 식이요법과 약물치료 등의 의학적 치료를 병행해서 관리해야 한다. 통상적으로 당뇨병은 세 가지로 분류되는데, 췌장에서 인슐린이 분비되지 않는 제1형 당뇨병, 인슐린 저항성이 증가하여 발생하는 제2형 당뇨병, 그리고 당뇨병의 병력이 없는 임신

---

* 인슐린(Insulin) 섬이란 뜻의 라틴어인 insula에서 유래된 말로, 이자의 랑게르한스섬의 베타세포에서 분비되는 호르몬으로 혈액 속의 포도당의 양을 일정하게 유지시키는 성분.
** 글리코겐glycogen 포도당으로 이루어진 다당류로, 동물 세포에서 보조적인 단기 에너지 저장 용도로 쓰인다.
*** 인슐린 수용체(Insulin receptor) 인슐린과 특이적으로 결합하여 세포 내에 생리적 변화를 일으키는 세포막 상의 수용체이다.

여성에게 발생하는 임신성 당뇨가 있다. 가장 일반적인 당뇨병은 제2형 당뇨병이다. 제1형 당뇨병은 유전적 요인에 크게 기인하며 유병률有病率, prevalence rate이 제2형에 비해 현저히 낮다. 그리고 임신성 당뇨의 경우 출산을 하고나면 상당수가 정상혈당 상태를 회복한다. 당뇨병의 가장 큰 문제는 여러 가지 많은 합병증을 야기하는 것인데, 급성 합병증의 경우 급작스럽게 혈당이 너무 올라가거나 떨어질 때 발생하며, 심한 경우 의식의 이상이 오거나 생명을 위협할 수 있다. 그리고 당뇨병이 오래 지속되면 체내 혈관에 변화를 일으켜 혈관이 좁아지거나 막히는 일이 생긴다. 이로 인해 동맥경화증, 시력상실, 만성신부전, 손발의 감각 저하로 인한 괴사 등의 합병증을 초래한다.

오늘날 전 세계의 당뇨병 환자는 이미 4억 명이 넘은 것으로 조사되고 있으며, 식습관과 생활 습관의 변화, 고령화 등으로 인해 급속도로 늘어나고 있다. 우리나라의 당뇨병 유병률 역시 1970년대에는 1% 미만이었던 것이 1980년대 3%, 1990년대 5~6%, 2000년대에 이르러서는 8~10%로 급증하는 추세이다. 특히 최근에는 30~40대의 젊은 당뇨환자들이 늘어나고 있는데, 30세 이상 성인 10명 중에 1명은 당뇨병 환자이다. 그리고 통계청이 발표한 2015년 사망원인에서 당뇨는 6위를 차지하고 있다. 당뇨병 및 합병증은 직접적인 의료 비용의 증가와 생산성 감소, 당뇨병으로 인한 장애로 비롯된 사회적 비용이 늘어나면서 사회경제적 문제를 야기하는 요인이 되고 있다.

한국형 당뇨병 발생의 4대 요인

식생활

밥이 주식인 우리나라 사람들은 전통적으로 탄수화물 비율이 과도하게 높은 식단을 즐기는 편이며, 최근에 간단하게 끼니를 대신할 수 있어 선호하는 빵이나 면 등의 음식들도 탄수화물이 주성분이다. 탄수화물은 혈당을 급격히 상승시켜 많은 양의 인슐린을 필요로 하여, 당뇨의 적으로 알려져 있다. 이와 같은 맥락으로 베트남이나 인도를 비롯하여 밥을 주식으로 하는 다른 많은 나라에서도 당뇨병이 급증하고 있는 추세이다. 또한 서구식으로 변해가고 있는 고칼로리, 고지방이 더해진 식단과 최근 설탕 중독이라 불릴 만큼 단맛에 빠져 있는 추세 역시 주의해야 할 부분이다.

음주문화

치킨과 맥주, 삼겹살과 소주 등의 소위 술과 궁합이 맞는다는 고칼로리 식단, 그리고 2차, 3차로 이어지며 술을 많이 마시는 습관은 인슐린 저항성을 높힌다. 게다가 과음을 하면 음주 후 저혈당을 유발하는 경우도 있어 당뇨병이 있는 사람은 각별히 주의해야 한다. 당뇨병을 피하기 위해서는 양질의 단백질을 중심으로 한 육식, 혈관건강에 좋은 오메가3가 많이 함유된 생선, 적당한 채소 등의 균형잡힌 식단을 유지하고, 트랜스지방이나 포화지방이 든 음식은 피하고 항산화 효과를 기대할 수 있는 불포화 지방산이 많은 음식을 먹는 것이 좋다.

운동습관

적당한 운동이 당뇨병 환자의 혈당을 낮춰주고 인슐린의 기능을 상승시킬 수 있다는 것은 이미 밝혀진지 100년이나 된 이론이다. 꾸준한 운동은 포도당 대사를 호전시켜 당뇨병의 발생을 예방하는 효과가 있으며, 당화혈색소 수치를 감소시키고 혈압 및 혈중지질을 개선시키며 심혈관 기능 개선으로 인한 순환기 질환 예방, 근력강화로 인한 에너지 소모 증가 등의 효과가 있다. 그러나 교통의 발달과 더불어 육체노동 시간이 줄어들게 되면서 현대인의 운동량은 점점 부족해지고 있고 당뇨의 발병률을 증가시키는 요인이 되고 있다.

수면장애

만성불면증과 같은 수면장애로 인한 수면 부족은 혈당 조절 기능을 저하시켜 당뇨병의 발생 위험을 높인다. 또한 공복감이 늘어나고 식욕이 증가할 뿐만 아니라, 특히 고탄수화물 식사에 대한 욕구가 증가되는 것으로 알려져 있다. 이는 비만을 초래하는 원인이 되며, 수면장애로 인해 인슐린 부족현상이 나타나면 급성 당뇨의 원인이 된다.

---

* **당화혈색소 수치** 혈중 포도당 농도를 알기 위해 측정하는 혈색소 수치. 4~5.9%가 정상 범위이다.

당뇨와 보이차

당뇨병은 이제 전 세계인의 건강을 위협하는 존재가 되어가고 있다. 과거에는 '부자병'이라고도 불린 적도 있을 만큼 식습관의 변화와 밀접한 관계가 있다. 심각한 당뇨 같은 경우에는 의학적으로 장기적인 치료가 수반되어야 하지만, 당뇨가 시작되기 전에는 식습관을 교정하는 것 만으로도 상당한 예방효과를 볼 수 있다. 차를 마시면 당뇨 예방의 효과를 어느 정도 기대할 수 있는데, 차에 들어 있는 차다당 성분이 당뇨 예방 및 치료에 미치는 효과에 대한 연구가 지속적으로 진행되고 있다.

차다당은 알파 포도당과 알파 아밀레이스의 활성을 비교적 강하게 억제시키는 효과가 있어, 동물실험결과 소장의 쇄자연 brush border 낭포의 포도당 전환 운동을 감소시켜주는 역할을 하는 것이 밝혀졌다.[1] 이는 식후 당이 장에서 소화되고 흡수되는 것을 저해하여 식후 고혈당 증상을 완화시켜주는 효과가 있다. 이에 관한 동물실험 결과, 4주간 꾸준히 차다당을 투여한 쥐들은 공복혈당이 낮아지고, 마시는 물의 양이 줄어들고, 체중이 회복되었다.[2] 또한 차다당은 쥐가 섭취한 전분과 포도당이 즉각적으로 체내에서 혈당을 상승시키는 것을 억제하는 효과가 있었으며,[3] 특히 보이차의 차다당은 알록산으로 유도된 고혈당 쥐의 혈당치를 낮춰주는데 탁월한 효과를 보였다.[4]

이 외에 임상실험에 대한 결과도 나와 있는데, 윈난의 중의학

원에서 30명의 당뇨병 환자에게 보이차편을 복용하게 한 결과, 간장과 신장 기능의 부작용 없이 제2형 당뇨병 환자의 공복혈당을 낮추는 효과가 있는 것으로 밝혀졌다.[5] 이처럼 보이차에 들어 있는 성분이 당뇨병의 예방이나 완화에 도움이 될 수 있다는 과학적 연구 결과들이 속속 발표되고 있다.

---

* 알파 포도당(α-glucosidase) 녹말이 효소의 작용으로 가수분해하여 형성하는 포도당. 우리가 주식으로 삼는 쌀과 옥수수, 감자, 밀 등에 많이 포함되어 있는 성분.
** 알파 아밀레이스(α-amylase) 아밀레이스의 하나로 아밀로오스, 아밀로펙틴을 안쪽에서 가수 분해하는 엔도형(endopeptidase)의 효소이다. 알파 아밀레이스의 활성을 억제시키면 음식물을 분해하여 혈당이 높아지는 것을 조절해주는 효과가 있다.
*** 알록산(Alloxan) 췌장의 베타세포에 직접적인 손상을 주어 제1형 당뇨병의 발생 위험을 높이는 독소물질.

04
동맥경화와 보이차

동맥경화 이야기

　동맥은 간단하게 말하면 심장에서 피를 내보내면서 온 몸에 산소와 영양소를 공급하는 매우 중요한 혈관이다. 동맥의 혈관은 밖에서부터 안으로 외막, 중막, 내막의 3층 구조로 이루어져 있다. 가장 바깥 쪽인 외막은 혈관을 보호할 수 있도록 질긴 특징이 있으며, 중막은 필요에 따라 혈관을 수축, 혹은 이완시키는 작용을 한다. 그리고 내막은 혈관 벽에 핏덩이들이 들러붙지 않도록 내피세포로 구성이 되어 있다. 이런 구조로 이루어진 동맥 혈관은 온몸로 혈액을 실어 나르기 때문에 부드럽고 탄력이 있어 혈류가 원활하게 흐를 수 있는 상태가 가장 이상적이다.

　그러나 여러 가지 원인으로 인해 혈관의 내막이 손상되고 변성이 일어나게 되면 혈관 내막의 지방과 염증세포가 쌓여 부풀어 오르는데 이를 죽종粥腫, atheroma이라고 한다. 이와 같이 혈관 내막의 손상으로 인해 죽종이 형성되어 혈관이 단단해지는, 일종의 혈관 노화 현상을 동맥경화증이라고 한다. 다시 말해 동맥경화란 몸의 각 부위에 피를 공급하는 동맥 혈관벽 내부에 콜레스테롤 등이 쌓여 딱딱해지고 혈관이 좁아지는 전신성 질환인 것이다. 그리고 동맥경화증이 진행되면 콜레스테롤, 섬유질, 염증세포 등이 뒤엉켜 쌓이면서 끈적끈적한 덩어리인 죽상경화반이 생긴다. 그리고 죽상반 주변으로 칼슘이 침착되면서 돌처럼 딱딱하게 굳었다가 물리적 충격 등에 의해 죽상반이 파열되면, 안에 있던 내용물이 혈액과 만나 응고되면서 피딱지를 형성하고 동맥혈관이 완전히 막히게 되는 것이다.

그렇다면, 이와 같은 동맥경화증이란 어떤 원인에 의해 생기는 것일까? 동맥경화는 혈관 내에 지방 등이 쌓여 생기는 질환이기 때문에 기본적으로 콜레스테롤 수치가 높은 사람에게 걸릴 확률이 높다. 따라서 콜레스테롤 수치와 비교적 밀접한 연관 관계를 갖는 고지혈증, 고혈압, 당뇨, 흡연은 관상동맥질환을 일으키는 4대 주요 위험 요인으로 꼽힌다.

저밀도 지단백 콜레스테롤은 간에서 만들어진 콜레스테롤을 동맥의 벽에 운반하여 동맥경화를 유발하는 역할을 하기 때문에 고지혈증은 동맥경화와 가장 직접적인 연관 관계를 갖는 원인 중의 하나이다. 또한 당뇨로 고혈당이 지속되면 혈관벽에 당이 축적되어 탄력성이 떨어지고 혈액순환장애가 발생할 뿐만 아니라 피가 끈적해지면서 혈관을 망가트린다. 이 때문에 동맥경화증은 당뇨환자에게 가장 흔하게 나타나는 합병증의 하나로, 당뇨병 환자 사망 원인의 75%는 죽상동맥경화증과 관련이 있다. 이 외에도 장기적인 흡연은 혈관 내벽에 손상을 주어 콜레스테롤이 달라붙기 좋은 상태로 만들어 동맥경화증의 발생을 증가시키며, 담배에 함유된 니코틴 성분은 체내에 들어오면 교감신경을 자극해 혈관을 수축시켜 혈압을 올리는 역할을 한다. 고혈압이 되면 혈관 내 압력이 증가하고 동맥의 죽상경화가 촉진될 뿐만 아니라 높은 압력이 매끄러운 동맥벽에 손상을 주어 콜레스테롤과 지방이 쌓이게 되면서 동맥경화증이 발생한다. 경증의 고혈압 환자라고 할 지라도 7년 이상 치료하지 않고 방치하면 환자의 30%정도가 동맥경화 촉진에 의한 합병증을 앓게 된다. 이 외에도 가족력, 비만이나 나이가 많이 들수록, 그리고 남성이 여성보다 동맥경화증 발병률이 큰 것으로 알려져 있다.

동맥경화는 관상동맥질환, 신장의 손상, 뇌나 팔다리 등의 순환 장애 등을 초래하는 위험한 질병임에도 불구하고, 증상이 매우 심해지기 전까지는 어떠한 자각 증상도 없기 때문에 조기에 발견이 어려운 병이기도 하다. 동맥경화증은 전신의 혈관에 생길 수 있는 병이므로 좁아진 혈관의 부위에 따라 관상동맥에 생기면 협심증, 뇌에 혈액을 공급하는 경동맥과 뇌동맥에 생기면 뇌졸중, 하지로 가는 말초혈관에 생기면 폐색성 질환, 신장의 신동맥에 생기면 신부전 등 다양한 병증을 초래할 수 있어 각별한 주의가 필요하다.

동맥경화와 보이차

사실 동맥경화의 발병은 고지혈증과 매우 밀접한 관계를 갖는다. 동맥경화가 혈액 내에 지방이 쌓여서 생기기 시작하는 병증이기 때문에, 혈액 중의 지방이 많은 고지혈증 환자는 동맥경화로 진행될 확률이 매우 높다. 따라서 혈중 콜레스테롤, 중성지방, 저밀도 지단백 콜레스테롤 등을 감소하는데 도움이 되는 보이차는 기본적으로 어느 정도 동맥경화로 진행이 되는 것을 완화시켜주는 것을 기대할 수 있다.

중국에서 보이차를 이용한 동물실험 결과, 유전인자로 인해 발생한 동맥경화증을 가진 실험 동물에게 보이차를 복용시켰는데 간장 기능의 손상없이 체중이 줄어들었고, 혈중지질도 감소하였다. 또한 동맥경화지수도 현저하게 감소하는 결과가 나왔다.[1]

또한 보이차는 고밀도 지단백 콜레스테롤의 비율을 높인다는 것이 밝혀졌는데,[2] 고밀도 지단백 콜레스테롤은 주변 조직의 콜레스테롤을 운반하고, 다시 담즙산으로 전환시키거나 장을 통해 담즙을 배출하는 역할을 한다. 동맥조영술을 통해 고밀도 지단백 콜레스테롤 함량과 동맥관의 협착 정도는 매우 밀접한 상관성이 있다는 것이 증명되었다. 그래서 고밀도 지단백은 일종의 항동맥경화의 혈장지단백이라고 할 수 있으며, 관상동맥죽상경화성 심장병의 보호 인자이기 때문에 '혈관 청소부'라고 부르기도 한다.[3]

이 외에도 보이차의 항동맥경화 작용에 관한 연구에 따르면, 보이차에 있는 다양한 성분들은 항산화, 자유기 제거, 저밀도 지단백의 불포화지방산 및 산화민감도를 낮춰주고, 저밀도 지단백 토코페롤의 함량을 늘려주는 역할을 한다. 이는 보이차를 마셨을 때 동맥경화증이나 심혈관질환의 발생을 예방하는 효과를 어느 정도 기대해 볼 수 있는 근거가 된다. 또한 보이차는 발효과정을 거치면서 플라보노이드 물질이 플라보노이드 글리코시드의 형식으로 존재하게 되는데, 이 물질은 비타민 P와 같은 효능을 갖고 있어 역시 인체의 심혈관경화를 예방하는 역할을 한다.[4] 그 외에도 보이차는 콜레스테롤을 낮추고, 체내외에서 저밀도 지단백 산화를 억제하는 강력한 항산화작용을 나타냈다. 이런 이유로 보이차를 마시는 것이 죽상동맥경화와 관련된 허혈성 심장질환의 위험인자를 감소시킬 수 있다는 것이다.[5]

---

* 동맥경화지수(Atherogenic Index) 심혈관계질환에 대한 유력한 지질 예측 인자 중의 하나로 계산방식은 'AI=(총콜레스테롤-고밀도 지단백 콜레스테롤)/고밀도 지단백 콜레스테롤'이 많이 사용된다.
총콜레스테롤 200mg/dl 이하, HDL-C 50mg/dl 이상을 적정수준이라 하였을 때, 여성의 경우 3.0을 초과하면 그 위험성이 더욱 증가한다고 하였고, 남성의 경우 HDL-C 40mg/dl 이상을 적정수준이라 하였을 때 4.0을 초과하면 그 위험성이 더욱 증가한다.

05
비만과 보이차

비만 이야기

  비만은 체내에 필요한 에너지보다 과다 섭취하거나 혹은 섭취된 에너지보다 적게 소비함에 따라 발생하는 인체 내의 에너지 불균형 상태를 뜻한다. 그리고 이런 상태를 통해 지방 세포수가 증가하거나 비대하여 체중에 비해 상대적으로 피하지방 및 기타 조직에 지방이 과잉 축적되어 있는 상태를 의미하기도 한다. 일반적으로 비만을 측정하는 방법은 체질량지수^{*}를 활용하는데, 대한비만학회의 기준에 따르면 체질량지수 $23kg/m^2$ 이상을 과체중 이상의 비만으로 규정하고 있다.

  현대인들은 교통편의 발달, 컴퓨터와 스마트폰의 보급 등으로 움직이는 시간이나 운동 시간은 과거에 비해 줄어든 것에 반해,

---

* 체질량지수(Body Mass Index) 흔히 BMI지수라고도 하며, 체중(kg)을 신장의 제곱(m^2)으로 나눈 값으로 성인의 비만도를 측정하는 기준이 된다.
대한비만학회의 기준에 따르면 23.0 이상이면 과체중으로 규정하는데, 23.0~24.0는 위험체중, 25.0~29.9는 비만 1단계, 30 이상은 비만 2단계, 40 이상은 비만 3단계로 구분하고 있다.

Let's move 캠페인
미국은 2010년 2월부터 아동비만 방지 캠페인을 벌이고 있다.

변화된 식습관이나 스트레스로 인해 지나치게 많은 음식과 칼로리를 섭취하고 있고, 이것이 바로 비만으로 연결되고 있다. 현재 전 세계 과체중 인구는 약 10억 명에 달하며, 그 중에 3분의 2는 이미 비만 수준에 속해 있다. 세계보건기구WTO에서는 세계 비만 인구가 5년마다 두 배씩 증가하고 있다고 밝히면서 비만을 지구의 심각한 보건 문제 중의 하나로 치료가 필요한 만성질병이라고 경고하고 있다. 비만이 질병으로 인식되기 시작한 지는 약 50년 남짓의 시간이 흘렀을 뿐이지만, 이미 전 세계 어느 나라든 비만으로 인해 상승되는 사회적 비용이 큰 문제로 나타나고 있다. 미국에서는 이미 Let's Move라는 학교 급식 및 운동 개선 캠페인을 통해 어린이들의 비만 방지에 노력을 기하고 있을 뿐만 아니라, 패스트푸드 등의 식품업체의 광고 규제 및 고열량 탄산음료에 비만세 부과 등 비만을 제지할 수 있는 사회적 운동을 시작하였다. 이처럼 이제 비만은 단순한 질병이 아닌 사회적 문제로 인식되고 있다.

이는 우리나라도 예외는 아니어서 2015년 국민건강영양조사에 따르면 우리나라 성인의 비만율은 33.2%로 성인 3명 중에 1명은 비만이라는 결과가 나왔다. 특히 소아 및 청소년 비만의 증가는 상당히 우려할 만한 수준으로 중요한 국민 건강의 문제라고 볼 수 있다. 비만이 되면 일단 몸이 무거워지고 비대해지면서 일상생활에 있어 일정 부분의 불편함을 초래하게 된다. 그러나 비만 자체가 문제가 된다기보다는 당뇨병을 비롯해 심혈관질환, 고혈압, 중풍, 지방간, 신장병 등의 심각한 대사성 질환의 원인이 되기 때문에, 오늘날에는 만병의 근원으로 인지되고 있다. 신체적인 문제점 외에도 우리나라에서는 날씬한 것이 미의 척도이자 삶의 기준이 되는 경우가 많아 비만인 사람들은 자기관리를 못한다거나 게으르다는 식의 사회적 편견을 동반한다. 이러한 이유로 우리나라에서 비만 환자들에 대한 조사 결과, 일반인에 비해 고도 비만인 사람이 우울증 의심군으로 판정될 확률이 1.4배 높은 것으로 나타났다. 이처럼 비만은 정신 건강에 있어서도 많은 영향을 미치는 것으로 밝혀지고 있다.

비만의 발생의 3대 원인

식습관

올바르지 못한 식습관은 비만의 가장 큰 주범이다. 소아기 때부터 형성되는 식습관은 지방세포 크기를 구성하고, 고지방·고열량·고당분 등의 섭취는 몸이 필요로 하는 에너지보다 과잉공급을 초래하기 때문에 여분의 에너지가 지방의 형태로 축적되면서 발생한다. 서구화된 식습관, 고지방·고열량의 식단, 패스트푸드의 보급, 짠 음식, 단 음식, 탄산음료 등을 많이 먹는 식단은 비만과 직접적인 상관관계가 있다.

신경 내분비 요인

식욕은 위장관의 호르몬, 중추신경의 신경전달물질 등 다양한 요인에 의해 결정되며, 섭식 조절은 시상하부에 있는 공복중추와 포만중추에 의해 조절된다. 즉, 시상하부는 위장관의 충만 및 이완 등의 상태, 혈중 영양소의 구성비율, 위장관 및 지방에서 유리되는 호르몬, 음식물의 맛이나 시각적·후각적 자극으로 인한 대뇌 신호에 의해 영향을 받는다. 그런데, 스트레스와 같은 환경적 요인, 선천적 인자 등에 의해 문제가 생기면 섭식 장애가 발생할 수 있다. 또한 스트레스는 호르몬의 일종인 코티졸의 분비를 증가시키는데, 이는 배가 고프지 않은데 허기를 느끼게 하는 요인이 된다. 따라서 스트레스는 폭식과 과식을 유발하여 체중을 늘게 할 뿐만 아니라 고칼로리 음식을 선호하게 되는데 이는 동물실험을 통해 입증된 바 있다. 한편 지방세포에서 분비되는 렙틴은 시상하부에서 식욕억제 신경전달 물질을 자극하고 식욕 촉진 신경전달물질을 억제하는 방식으로 전체적인 식이 행동을 조절하는 역할을 한다. 그러나 비만한 사람의 경우 렙틴이 작용하는 신호전달체

계에 문제가 있어서 렙틴이 생성되어도 뇌에서 식욕을 억제하라는 신호가 전달되지 않고 이로 인해 과식을 하게 되는 것이다.

유전적 요인

비만은 당뇨와 더불어 유전력이 매우 강하게 작용하는 병증의 하나로, 비만한 아동의 60~80%는 부모 중 한 명 이상이 비만한 것으로 알려져 있다. 같은 가계에서 비만환자가 여럿 발생하게 되는 것은 물론 식습관과 생활습관으로 인한 환경적 요인도 큰 비중을 차지한다. 그러나 기본적으로 유전적 요인이 매우 큰 영향을 미쳐, 서로 다른 환경에서 자란 일란성 쌍둥이의 비만도를 조사한 결과, 비만 여부의 일치성이 상당히 높게 나타난 바 있다. 이를 통해, 후천적 환경 요인보다 본래 가지고 태어난 유전적 요인의 영향이 더 큰 것을 알 수 있다. 10세 이전의 아동에게서는 특히나 비만 유전인자의 영향이 더욱 크게 나타나는 것으로 연구됐다.

---

* **코티졸(cortisol)** 급성 스트레스에 반응해 분비되는 물질로, 스트레스에 대항하는 신체에 필요한 에너지를 공급하며, 탄수화물 대사를 조절하는 기능을 가진다.
** **렙틴(leptin)** 지방조직에서 분비하는 체지방을 일정하게 유지하기 위한 호르몬.

비만과 보이차

우리나라에서는 아직까지 비만을 심각한 질병으로 여기기보다는 개인의 나태함이나 노력 부족이 초래한 질병이라는 인식이 강해 적극적인 대처가 미흡한 상태이다. 이에 사회 전반적으로 주동적인 식습관의 개선이나 생활 방식의 전환을 위한 비만의 대처가 필요한 시점이다. 일상생활 중에서 차를 수시로 마시는 것 역시 이러한 대처의 일환이 될 수 있다.

녹차가 다이어트에 효과가 있다는 것은 이미 널리 알려진 상식이다. 이는 찻잎에 들어 있는 티폴리페놀과 차다당이 가지는 효능의 하나인데, 보이차에 들어 있는 성분은 녹차보다 더욱 탁월한 효과를 지닌다. 1986년에 이미 일본 학자 사노佐野 등의 연구로 보이차가 총콜레스테롤과 중성지방을 낮춰주고 지방조직 중의 중성지방을 분해를 촉진시키는 효과가 있을 뿐만 아니라 지방 조직의 무게를 줄이는 효과가 녹차보다도 우수하다는 것이 밝혀졌다.[1] 또한 쥐에게 녹차, 홍차, 오룡차, 보이차를 30주간 먹이는 실험을 통해 다이어트에 대한 효과는 오룡차, 보이차, 홍차, 녹차 순으로 나타났다. 그러나 홍차나 오룡차에 비해, 보이차와 녹차가 더 총콜레스테롤을 낮춰주는 효과가 더 있으며, 다른 차들이 고밀도 지단백 콜레스테롤과 저밀도 지단백 콜레스테롤의 수치가 동시에 감소되는 것에 반해 보이차는 저밀도 지단백 콜레스테롤은 낮추는 동시에 고밀도 지단백질 콜레스테롤은 높여주는 효과가 있는 것으로 나타났다. 따라서 전체적 요소를 고려했을 때 보이차가 지방을 낮춰주는 효과는 다른 차보다 더 큰 것으로 생각할 수 있다.

또한 1980년대에 중국에서 진행된 연구에서 신체에서 떼어낸 장에 보이차를 섞어 놓으면 수축률과 수축빈도가 줄어드는 것이 발견됐다. 이렇게 되면 음식물이 충분히 소화되지 않고, 영양성분의 흡수도 줄어들게 된다. 또한 보이차는 장의 벽을 이완시켜 개개의 연동파가 음식물을 더욱 밀어내게 함으로써 음식물이 장내에 머무는 시간을 단축시킨다. 이러한 점들이 보이차가 갖는 다이어트 효과의 매커니즘이라고 생각해 볼 수 있으며, 혈중지질을 낮춰주는 효과는 소장의 중성지방 및 당의 흡수를 감소시키는 것과 밀접한 연관관계가 있을 것으로 생각할 수 있다.

이 외에도 보이차의 추출물은 비만의 전조증상이라고 할 수 있는 총콜레스테롤과 중성지방을 낮춰주는 효과가 있을 뿐만 아니라 고밀도 지단백 콜레스테롤 수치를 올려주는데, 이는 일부 시판 중인 엘카르니틴보다 효과가 있는 것으로 나타났다. 또한 보이차는 간의 콜레스테롤과 중성지방에 비교적 효과적인 억제작용을 일으킨다. 그리고 몸 안의 활성 산소를 제거하는 역할을 하는 강력한 항산화제인 수퍼옥시드 디스무타아제 및 클루타치온 퍼옥시다제의 수치를 높여주고, 지방세포의 팽창을 억제하는 효과가 있는 것으로 나타났다.

그밖에도 다수의 연구를 통해 보이차가 소장에서 자일로스의 흡수를 억제하고 지방 배출량을 늘려준다는 것,[5] 장기적으로 보이차를 복용하면 체중이 감소할 수 있고,[6] 비만 치료에 도움이 된다는 것[7]이 밝혀졌다. 또한 보이차를 이용하면, 자유롭게 물과 사료를 섭취한 동물에게서 성장 과정에서 생길 수 있는 비만을 예방할 수 있는 효과가 있다는 것 등이 밝혀졌다.[8]

---

[*] 엘카르니틴(L-carnitine) 수용성 비타민의 일종으로, 포도당을 세포 내 미토콘드리아에 운반을 원활하게 하여 축적된 체지방을 분해하는 역할을 하여 다이어트 보조제로 판매되기도 한다.

[**] 수퍼옥시드 디스무타아제(SOD, Superoxide Dismutase) 초과산화이온을 산소와 과산화수소로 바꿔주는 불균등화 반응을 촉매하는 항산화효소. 독성으로부터 세포를 방어하는 역할을 함.

[***] 클루타치온 퍼옥시다제(Glutathione peroxidase) 산소에 의한 피해로부터 세포를 보호하는 과산화효소 능력을 갖는 효소군을 총칭하는 말.

06
암과 보이차

암 이야기

암이란 세포의 이상으로 인해 신체 조직에 비정상적으로 자라난 악성 종양을 의미한다. 신체를 구성하는 가장 작은 단위인 세포cell는 정상적인 상황에서는 세포 자체의 조절 기능에 의해 분열하거나 커지기도 하고, 또 수명이 다하거나 손상되면 스스로 죽어 전반적인 세포 수의 균형을 유지한다. 그러나 다양한 원인에 의해 세포 자체가 가진 조절 기능에 문제가 생기게 되고 이로 인해 정상적인 상황에서는 없어졌을 비정상 세포들이 빠른

속도로 과다 증식하는 현상이 생기게 된다. 이 때문에 주위 조직이나 장기에 침입하여 종양을 형성하거나 기존의 구조를 파괴하거나 변형시켜 우리가 암이라고 부르는 병이 발생하게 되는 것이다.

일반적으로 암은 인간의 신체 중에서 어느 부위에서든지 발생할 수 있는 병이다. 우리나라에서 남자는 위암이 가장 많이 발생하고, 다음으로 대장암, 폐암, 간암, 전립선암, 갑상선암, 방광암, 췌장암, 신장암, 담낭 및 기타 담도암의 순으로 나타났다. 여자의 경우는 갑상선암, 유방암, 위암, 대장암, 폐암, 자궁경부암, 간암, 담낭 및 기타 담도암, 췌장암, 난소암의 순이다. 그리고 한국중앙암등록본부에 따르면 앞으로 대장암, 전립선암, 유방암의 증가가 가속화될 것으로 예상하고 있다.

암은 이처럼 종류가 많은 것 만큼이나 암 발병에 영향을 미치는 위험인자 역시 다양하다. 특정 암에 특정 인자가 조금 더

많은 영향을 끼치는 경우도 있지만, 보편적으로 연령, 흡연, 음주, 식습관, 가족력, 비만, 호르몬, 물리적 자극, 환경적 요인 등의 요인이 있다. 고도로 발달된 현대 의학은 최신의 의학 정보와 장비 등을 동원하여 불치의 병으로 알려진 암을 정복하기 위해 노력하고 있으며, 일정부분 성과도 거두고 있다. 그러나 암의 발생에 이르게 되기까지는 매우 다양한 원인들이 복합적으로 작용되는 것이므로, 딱 집어 어떤 원인이 명확한 발병 원인이 되는지는 아직까지 밝혀지지 않았다. 또한 아직도 완치가 어려운 경우가 많아 암은 단일 질병으로는 가장 많은 사망원인이 되고 있다. 한국인 사망원인 통계 결과에 따르면, 33년째 암이 부동의 1위를 차지하고 있다. 또한 암으로 인한 사망자는 2005년의 10만 명당 133.8명에서 2015년에는 150.8명으로 계속 늘어나는 추세이다.

세계보건기구의 발표에 의하면 암 발생 인구의 3분의 1은 예방 가능하고, 3분의 1은 조기진단만 되면 완치가 가능하며, 나머지 3분의 1도 적절한 치료를 하면 완화가 가능하다고 제시하였다. 즉, 일상생활에서의 적절한 음식 섭취나 올바른 생활 습관을 유지하고 시의적절한 치료를 병행하면 상당수가 완쾌나 호전의 효과를 볼 수 있다는 의미다. 따라서 암환자의 문제는 단순히 환자 개인의 문제로 치부할 것이 아니라 경제적, 사회적, 문화적, 교육적 측면과 연관되어 국가가 이들에 대한 관리 및 대책을 강구해야 할 사회적 질병 중의 하나이다.

암과 보이차

찻잎에 들어 있는 성분들의 항암효과에 대한 연구는 일본에서부터 매우 활발히 시작되었다. 일본 시즈오카현립대학의 연구팀은 찻잎에 암세포 증식을 억제하는 일종의 성분이 있다는 것을 밝혀냈다. 또한 동물실험을 통해 티폴리페놀의 주요 성분이 악성 종양의 확산을 효과적으로 방어해주고, 정상세포 표면의 수용체특성을 변화시켜 암 물질과 결합하지 못하게 하여 정상세포가 암세포로 변이되는 것을 막아주는 효과가 있다는 것을 알아냈다. 차의 항암작용은 차가 가지고 있는 비타민 B1, B2, C, E 등과 미량원소, 아미노산 및 지용성 다당으로 인해 생성되는데, 이러한 성분은 인체에 반드시 필요한 성분이기도 하며 수많은 병을 예방해주는 역할을 하는 유용한 물질이다.

기본적으로 보이차가 암과 연결될 수 있는 고리는 차가 가지고 있는 항산화 효과에서부터 기인한다. 즉, 암의 초기발생과 촉진이 세포 항산화제 방어의 고갈에 따른 자유기의 작용과 연관이 있는 것이다. 사람은 살아가면서 끊임없이 세포분열을 계속하고, 그 과정에서 DNA에 비결합전자Unpaired election, 과산화기superoxide radical, 자유기free radical 등이 작용하여 변형과 노화를 일으키며, 이러한 것들이 암을 일으킨다고 여겨진다. 보이차의 추출물은 이 중에서 자유기를 제거하는데 매우 강한 효과를 보일 뿐만 아니라 강한 항산화 효과를 보이는데, 이는 토이차의 폴리페놀의 함량과 연관이 있다. 보이차 생차는 차 중에서도 폴리페놀 함량이 매우 높은 편에 속하며, 이 폴리페놀 성분들은 자유기 제거와 항산화작용에 탁월한 효과를 지닌다.[1] 특히 보이차에서 추출한 에피카테킨Epicatechin, 카테킨, 갈릭산Gallic acid 등의 물질이 강력한 항산화 역할을 하는 것으로 나타났다.[2]

중국에서 차를 활용한 암 연구는 1980년대부터 본격적으로 시작되어, 벌써 약 30여 년 간 지속되었다. 1989년에 발표된 연구에 따르면 차를 마시면 흡연이나 음주로 인해 발생된 암의 독성반응을 경감시키고, 미핵이상세포 돌연변이의 검출률이 20%나 줄어드는 것으로 나타났다. 이처럼 이미 많은 연구를 통해 녹차나 홍차 등의 차류에서 암세포를 줄어들게 하는 결과가 발표되어, 차가 항암에 좋은 식품인 것은 널리 알려진 사실이 되었다.

보이차의 경우, 암세포를 없애는 작용이 매우 강할 뿐만 아니라 다양한 형태의 암세포를 둥그렇게 축소시키며 위족僞足의 양을 줄어들게 해 강한 접착 및 부유 능력을 잃게 만드는 역할을 한다. 또한 핵에 액포가 생기거나 핵소체가 줄어들고, 핵분열이 정지되는 등의 변화를 초래하는데, 이런 변화들은 암세포가 보이차에 의해 모양이 변형될 수 있고 심지어는 사라질 수도 있다는 것을 보여준다. 보이차에는 베타카로틴, 비타민 B1, B2, C, E 등의 항암효과가 있는 미량원소들이 들어 있어, 암세포를 없앨 뿐만 아니라 항돌연변이 및 항암작용을 할 수 있는 것으로 알려졌다.[3]

07
노화와 보이차

노화 이야기

노화란 간단하게 말하면 나이가 들어간다는 의미이지만 포괄적인 의미로 보면 인간 유기체에 있어서 시간에 흐름에 따라 점진적으로 일어나는 신체적, 심리적, 사회적 변화 과정을 포함하는 총체적 현상을 말한다. 다시 말해, 일반적으로 생각하는 외형적이고 생리적인 측면에 있어서의 변화뿐만 아니라 사회적이고 심리적인 변화의 측면에까지 이르는 연령의 증가에 따른 모든 변화를 포함하는 복합적인 현상이다. 노화란 한 사람의 성격, 질병여부, 생활력 등의 개인적인 요인과 다양한 사회환경적 요인 간의 상호 작용에 의하여 나타나는 다면적인 변화의 과정인 것이다.

노화의 대표적인 증상이라고 볼 수 있는 신체적인 변화를 먼저 살펴보자. 사람의 몸에 노화가 진행되면서 골격근과 세포조직의 무게는 감소된다. 또한 청각, 시각, 촉각 등의 감각이 무뎌지며, 골격근을 비롯하여 세포조직, 뇌, 간 등의 장기의 무게가 감소하며 기능이 떨어진다. 그리고 심장의 혈액박출량이나 폐활

량도 감소하고, 비용해성 콜라겐의 증가로 인해 몸의 유연성이 감소하기 시작한다. 이처럼 노화란 신체의 구조와 기능이 점진적으로 저하되는 단계이나, 인간의 발달 단계에 따라 점진적으로 변화를 거쳐 기능이 약해지는 주기를 거치는 규칙적인, 누구에게나 일어나고 누구도 피해갈 수 없는 인간 생명 주기에 따른 필수과정이다. 그리고 매우 천천히 일어나기 때문에 세세한 과정은 깨닫지 못하다가 어느 순간에 퍼뜩 신체의 기능이 떨어졌다고 느끼는 것이다.

노화가 일어나면 여러 가지 신체적 변화를 겪게 되는데 일상생활 능력이 저하되며 피로나 만성통증 등의 증상과 더불어 각종 심각한 노인성 질환에 대한 부담이 생긴다. 그러나 그보다도 더욱 문제시 될 수 있는 부분은, 신체적 증상과 더불어 나타나는 심리적 증상인데 대표적으로 노인성 우울증을 꼽을 수 있다. 이는 노화와 관련된 신체, 정신 및 사회적인 변화가 개인의 정서 상태를 위협할 수 있기 때문이다.

과거보다 풍족해진 먹거리로 인해 풍부하게 영양분을 섭취할 뿐만 아니라 건강에 대한 관심이 높아지고, 아울러 현대 의학 기술의 발전으로 인간의 수명은 점차 늘어나고 있다. 2015년 한국인의 평균수명은 81.8세로 OECD 평균 80.4세보다도 길다. 그래서 이제는 보편적으로 백살까지는 산다는 의미로 백세시대라고 말한다. 사람들의 수명이 늘어남으로 인해 전체 인구에서 노인 인구가 차지하는 비율도 증가하고 있다. 통계청의 발표에 따르면 2015년 기준 65세 이상 인구는 657만 명으로 전체 인구의 13.2%를 차지하고 있다. 이는 2005년의 9.3%보다 3.9%p나 증가한 수치이다. 그리고 2026년에는 고령인구 비중이 전체 인구의 20%까지 이를 것으로 예측하고 있다. 이처럼 수명이 늘어나고 고령인구 비율이 늘어나면, 건강한 사회 구성을 위해서라도

개개인이 건강하게 노후를 맞이하는 것이 매우 중요하다. 그러나 우리나라의 건강수명은 약 73세에 불과해 노화를 지연시키거나 노화에 대비하는 자세가 필요하다.

* 건강수명 실제 수명에서 질병으로 인해 몸이 아픈 기간을 제외한, 건강하게 사는 기간.

노화와 보이차

 1950년대에 미국 네브라스카의 하만Denham Harman 박사가 제시한 프리라디칼 이론Free radical theory은 이미 세계적으로 인정받은 노화에 대한 학설이다. 이 이론은 생물체가 정상적인 호흡을 하는 동안 만들어지는 자유기, 즉 프리라디칼로 인한 손상이 누적되고 이로 인해 기체가 기능을 상실하고 더 나아가 죽음에 이르게 된다는 이론이다. 프리라디칼이론은 처음 주장된 이래 계속 확장되며, 노화를 비롯하여 노화와 관련된 암, 관절염, 동맥경화, 알츠하이머, 당뇨 등의 많은 질환을 설명하는 이론으로 사용되고 있다. 이 이론을 기반으로 노화를 지연시키기 위하여 체내 자유기를 제거하는 것에 초점을 맞춘 많은 연구들이 진행되고 있으며, 보이차도 예외는 아니다. 보이차고를 이용한 동물실험 결과, 혈청 및 간 조직 내의 SOD* 활성은 증가하였으며, MDA**의 함량은 낮아졌다. 이는 보이차에 대량으로 들어 있는 폴리페놀의 자유기 제거 및 지질과산화 억제 효과에서 비롯된 것이며,[1] 이에 관해서는 임상실험도 진행된 바 있는데, 매일 보이

---

* SOD(Superoxide dismutase) 과산화 음이온을 과산화수소와 산소로 환원시키는 항산화효소의 일종. 생물학적 반응 과정 중 형성된 산소를 제거할 수 있으며, SOD의 활성은 체내의 자유기를 제거하는 능력에 대한 간접적 지표이기도 하다.
** MDA(Malon-dialdehyde) 지질과산화물이라고도 하며, 세포막을 구성하는 다중불포화지방산이 세포 자유기에 의해 산화되어 생성되는 부산물이다.

차편을 3차례 복용한 50~70세의 중노년 대상자 역시 SOD의 활성은 높아지고, MDA는 떨어지는 결과가 나타났다.[2] 이는 보이차에 들어 있는 티폴리페놀을 비롯한 다양한 성분들이 체내 자유기를 제거하고, 이 기제로써 항노화 기능을 할 수 있다는 것을 의미한다.

또한 보이차의 추출물은 일산화질소Nitric oxide, 활성산소종 Reactive oxygen species 등 자유기 생성의 억제 및 제거, 저밀도 지단백 콜레스테롤의 산화 억제, 자유기로부터 유발되는 세포 손상의 보호작용 등의 역할을 한다.[3] 그리고 자외선 B로 인해 일어나는 단백질의 산화를 억제시켜주어, 피부에 미치는 손상을 경감시켜주는 효과가 있다.[4] 이러한 효과 역시 보이차 티폴리페놀의 주된 효과 중의 하나이다.

이 외에도 보이차의 비타민 B2는 피부의 탄력성을 강화시켜주고, 비타민 E는 강력한 항산화제로 산화로 인한 노화를 지연시켜주는 효과가 있다.[5] 또한 보이차 추출물 및 보이차의 다당은 섬유세포의 복제성 노화를 늦춰주는 효과가 있다.[6] 이처럼 보이차의 다양한 성분들은 피부의 노화부터 신체 기능의 노화까지 전반적으로 노화를 막아주거나 늦추어지는 효과를 기대할 수 있다.

앞에서 살펴본 바와 같이 보이차는 사람의 건강에 유익한 음료임에는 틀림없다.

그러나 막연히 보이차 한 가지에 기대어 건강한 삶을 담보 받을 수는 없다. 건강한 식습관, 정기적인 운동, 병증에 따른 적절한 치료가 수반될 때, 보이차는 우리 삶의 가치를 한 단계 올려 줄 수 있는 훌륭한 보조수단이 되어 줄 것이다. 보이차를 열심히 마시고, 잘 먹고 잘 움직이자. 건강한 미래가 우리 앞에 펼쳐질 것이다.

03

차와 건강의 새로운 패러다임

01
보이차로 지키는 건강, 티톡스 Tea tox

    디톡스detoxification는 대체의학적 관점에서의 해독과 같은 뜻으로, 건강을 위해 몸에 쌓인 독소를 제거한다는 뜻을 가지고 있다. 현대인들이 영양 불균형, 과도한 칼로리 섭취, 운동 부족 등 다양한 원인으로 인해 각종 성인병과 질병들에 시달리게 되면서 건강에 대한 위기 의식과 먹는 것의 중요함에 대한 인식이 더욱 강조되었다. 그로 인해 병이 난 후에 치료를 하는 것이 아닌 병을 예방하는 차원에서, 자연적인 식이요법을 통해 노폐물의 배출을 촉진하여 몸에 축적된 유해물질들을 빼내는 디톡스에 많은 사람들이 관심을 가지고 있다. 디톡스의 기본은 관장이나 금식 등 장을 비우는 것을 일차로 하기 때문에, 단기간에 시행되는 디톡스라 할지라도 자연스럽게 어느 정도 이상의 체중이 감소되기 때문에 다이어트 방법으로서도 매우 각광받고 있다.

근래에는 레몬이나 깔라만시를 베이스로 향신료를 추가한 드링크, 각종 과일과 푸른 채소가 원료인 디톡스 주스, 파인애플이나 바나나가 들어간 디톡스 식초 등의 음료를 마시는 방법을 통한 디톡스 방법이 가장 널리 쓰이고 있다. 이러한 제품들은 맛도 괜찮은 편이고 휴대나 섭취가 간편해 일상생활에서 쉽게 쓸 수 있는 방법이기에, 특히 유행에 민감하고 새로운 물건에 관심이 많은 20~30대의 여성층을 중심으로 많이 알려져 있다. 그리고 그 뒤를 이어 새로이 각광받는 디톡스 방법이 바로 티톡스이다. 티톡스는 영어로 차를 뜻하는 티tea와 디톡스를 합친 신조어로, 말 그대로 차로써 디톡스를 한다는 뜻이다. 한 종류의 싱글티를 매일 일정량 이상 섭취하는 방법도 있고, 민들레꽃, 생강, 시나몬, 민트, 로즈힙, 우엉, 오미자 등 차와 어울리는 다양한 재료들이 찻잎과 같이 섞여 있는 제품들이 많이 출시되고 있다. 티톡스는 일상생활에서 어렵지 않게 차를 우려 마시는 것만으로 디톡스의 효과를 볼 수 있어, 가장 쉽고 간단하면서도 우아하게 건강을 지킬 수 있는 방법으로 손꼽히고 있다.

로즈 보이티 Rose Pu'er tea

『본초강목습유本草綱目拾遺』에는 '장미꽃은 성질이 따뜻하며, 맛이 달고 약간 쓰다.(玫瑰性溫, 味甘微苦.)'고 하였다. 장미꽃은 베타카로틴, 비타민 C 등의 강력한 항산화제가 함유되어 있어 혈액순환을 촉진시키고 피부를 좋게 하는 효과가 있기 때문에 의약품, 기능성 식품, 화장품, 음식물 첨가제 등의 다양한 분야에서 활용되고 있다. 장미꽃차는 위장 장애, 배에 가스가 차거나 식욕이 없을 때 도움이 되며, 몸을 따뜻하게 해주어 여성들에게 좋은 차로 알려져 있다. 또한 장미의 은은한 향은 신경 안정 작용이 있어 숙면에 도움을 준다.

보이 숙차와 장미는 매우 잘 어울리는 조합으로 장미 특유의 매혹적인 향기와 보이 숙차의 위를 따뜻하게 보호해주는 효과가 어우러져, 몸을 따뜻하게 해주고 소화에 도움이 된다. 그리고 은은한 장미의 향기가 기분을 편안하게 만들어주는 효과가 있다.

재스민 보이티 Jasmine Pu'er tea

재스민은 물푸레나무과의 나무에서 피는 흰색, 노란색 위주의 꽃으로, 말리화茉莉花라고도 부른다. 독특하고 진한 향기가 있어 향수 등의 향료로 널리 쓰이는 꽃인데, 이 외에도 식용, 약용, 음용 등 여러 가지 다양한 방법으로 사용되고 있다. 특히 재스민으로 만든 차는 전세계적으로 사랑 받으며, 우리나라에서도 차이니즈 레스토랑이나 베트남 레스토랑에서 기본적으로 제공되는 경우가 많아 매우 친근한 향과 맛을 지닌 차다.

재스민차는 피부의 탄력을 좋게 해주고, 눈을 맑게 해주고, 간을 해독시켜주며, 혈압을 낮추는데 도움을 주고, 항산화작용으로 인한 노화를 늦추는 효과 등이 있다. 실제로 재스민의 꽃과 잎은 이질, 감기, 설사, 발열, 복통, 종기 등의 치료제로도 사용되었다.

재스민 보이티는 보이 생차의 풋풋하고 상큼한 맛과 재스민의 풍부한 향기가 어우러져, 긴장의 연속인 생활 속에서 잠시나마 여유로운 기분을 느끼게 해주는 작은 장치가 되어 준다.

국화 보이티 Chrysanthemum Pu'er tea

국화는 가을을 대표하는 꽃으로, 오래전부터 약재로 사용되었다. 『본초강목本草綱目』에 '국화는 봄에 나서 여름에 무성하였다가 가을에 꽃이 피고 겨울에 열매를 맺기 때문에 4계절의 기운을 두루 받았다. 맛은 달고 쓴맛을 겸하고 있다.(菊春生夏茂, 秋花冬實,備受四氣,味兼甘苦.)'고 하였다. 또 『신농본초경神農本草經』에는 '장기간 국화차를 마시면, 혈기에 이로워, 몸을 가볍게 하고, 노화를 견디어 장수한다.(久服利血氣, 輕身耐老延年.)'고 하였다. 국화는 주로 순환계나 신경계 질환을 다스리는 약재로 쓰이고, 술을 담가먹거나 말려서 베개나 이불솜에 넣기도 한다. 그러나 무엇보다 가장 쉽게 접할 수 있는 방법은 차로 마시는 것이다. 국화차는 은은한 향기가 심신을 편안하게 하며, 중추신경을 진정시키는 작용을 한다. 또한 체내의 열을 발산시켜 주기 때문에 초기 감기 예방에 좋다. 눈 건강을 유지하는데도 도움이 되므로 컴퓨터나 스마트폰을 자주 사용하는 현대인들이 수시로 마시면 좋다.

보이 숙차와 국화꽃잎을 섞어 만든 국화 보이티는 흰 국화를 사용하여, 은은한 국화꽃 향과 보이차의 맛으로 몸과 마음을 편안하게 만들어 주는 효과가 있다.

02
차에 관한 오해와 진실

차를 우려 마시면 먼저 향에 취하고 깊은 맛에 감탄하며, 마음의 여유를 찾을 수 있다. 게다가 건강에도 여러모로 도움이 된다. 그런데 마음 놓고 차를 즐기기에는 조금 신경쓰이는 것들이 있다. 차를 마시면서 가질 수 있는 몇 가지 소소한 궁금증을 풀어보자.

차를 마시면 잠이 안 와요!

차를 마시기 가장 꺼려하는 사람은 아무래도 카페인에 민감한 사람일 것이다. 오후나 저녁 늦은 시간에 차를 마시고 잠이 제대로 안 와 뒤척이며 오랜 시간을 보낸 경험이 있는 사람이라면, 차에 카페인이 들어 있다는 사실 만으로도 신경이 쓰일 테다. 그렇다면 차에는 카페인이 얼마나 들어 있을까?

차에 들어 있는 카페인은 차나무에서 찻잎이 자라날 때 이미 생성된다. 찻잎에는 건물질의 약 2~5%에 달하는 카페인이 들어 있고, 특별히 디카페인으로 제작되는 차를 제외하고, 찻잎으로 만든 모든 차에는 어느 정도의 카페인이 들어 있다. 카페인의 대표적인 효능은 중추신경을 흥분시키는 작용을 하여, 대뇌를 자극해 각성이나 강심 효과가 있는 것이다. 그래서 차를 마셨을 때 피곤함이 감소되고 졸음을 쫓을 수 있으며, 집중을 잘 할 수 있게 되는 것이다. 그러나 과도한 양을 섭취하게 되면 심장이 뛰거나 잠을 이룰 수 없는 단점을 수반한다.

우리나라에서 1일 성인의 최대 권장 카페인 섭취량은 400mg이다. 그리고 1,000mg 이상을 장기 섭취한다면 카페인 중독이 될 가능성이 있다. 그런데, 식품의약품안전처의 조사에 따르면, 녹차 티백 하나에는 15mg의 카페인이 들어 있으며, 인스턴트 커피 한 잔은 50~70mg이 들어 있다. 그러나 최근 보편적으로 유행한 원두커피는 한 잔에 약 140~160mg에 이르는 카페인이 들어 있다. 그리고 차는 종류에 따라, 추출하는 방법에 따라 다르기는 하지만 보편적으로 커피잔 정도 크기 한 잔에 50~60mg 정도 들어 있다. 이를 바탕으로 간단하게 계산을 해보면 하루에 8잔 정도는 마셔도 무방하다는 의미이다. 그렇지만 이는 단순한 계산일 뿐, 실제로는 이와 다르다. 찻잎에 들어 있는 카페인은 약 60~70% 정도만 물에 녹아 나오며, 차에 있는 다른 성분이 카페인의 작용을 둔화시킬 수 있다. 예를 들어, 테아닌이 체내 도파민의 분비를 촉진시키는 역할을 하기 때문에, 간접적으로 GABA의 촉진과 글루탐산 등의 전달물질의 합성과 분비를 억제하여 카페인으로 인해 생성되는 흥분에 길항작용을 할 것으로 생각된다.[1] 또한 섭취 습관에 따라 설탕이나 우유, 크림 등을 첨가하는 경우도 있고, 데오필린, 카테킨, 플라보노이드 등의 다양한 물질들이 함유되어 있으므로, 여러 다른 성분들이 서로 다른 작용을 하거나 카페인의 흡수 및 대사에 영향을 미쳐 카페인을 단독 섭취 했을 때와는 다른 결과가 나타날 수도 있다.[2]

다만, 카페인의 경우 반감기를 고려해야 하는데 보통 성인의 카페인 반감기는 약 5~6시간 정도이다. 그러나 이는 개개인의 체질이나 몸의 상태에 따라 매우 다르게 나타날 수 있기 때문에, 카페인 민감도가 높은 편이라면 마시는 차의 양을 조절하거나 늦은 시간에는 피하는 것이 좋다. 13세 미만의 어린이는 카페인 반감기가 2~3시간으로 성인보다 훨씬 짧지만, 어린이의 카페인 규권장 섭취량은 몸무게 1kg당 2.5mg으로 성인보다 훨씬 적다. 임산부의 경우도 권장 섭취량은 300mg 정도이지만, 신체 대사가 느려지기 때문에 반감기가 18시간으로 늘어나 카페인이 체내에 머무는 시간이 더욱 길어지기 때문에 많은 양의 차를 섭취시 주의가 필요하다.

차를 마시면 속이 쓰려요!

간혹 차를 마시면 속이 쓰리고 깎이는 듯한 느낌이 든다고 말하는 사람들이 있다. 한번 차를 마시고 호되게 고생해 본 경험이 있다면, 아무래도 조심스러운 마음이 들게 마련이다. 그렇다면 차를 마시고 속이 쓰린 것은 왜 그럴까?

속쓰림이라는 것은 원인이 불분명하게 일어나는 경우도 많이 있지만, 일상생활에서는 매운 음식이나 카페인이 든 음식, 술이나 과즙 음료 등 다양한 식품들이 속쓰림을 많이 일으키는 요인이 된다. 어떤 음식은 높은 산도acidity나 삼투질 농도osmolality에 의해 직접적으로 식도나 위 점막에 자극을 준다. 또 어떤 음식들은 하부식도괄약근을 이완시켜 위산의 위식도역류를 일으켜 속쓰림이 나타나기도 한다. 그렇다면 이러한 속쓰림, 과연 차를 마실 때만 생기는 것일까?

우리나라에서 시판되는 과실채소음료, 탄산음료, 스포츠이온음료, 술, 초콜릿음료, 식혜, 커피, 차, 우유 등 35종의 기호음료와 속쓰림의 관계를 조사한 연구[3]에 따르면 시중에 판매하는 음료뿐만 아니라 심지어는 물을 마셨을 때도 수치가 낮기는 해도 속쓰림 현상은 생길 수 있는 것으로 나타났다. 그 중에서 속쓰림을 가장 많이 유발하는 음료는 캔커피로, 커피는 위식도역류를 유발하고 위산 분비를 자극하며, 근위 부위의 이완시간을 늘려 위배출시간을 지연시키고 대장의 운동을 촉진하는 역할을 한다. 그런데, 디카페인 커피는 카페인 커피에 비해 속쓰림 정도가 더 낮게 나타나 커피의 속쓰림은 카페인에서 어느 정도 기인한 것으로 생각해 볼 수 있다. 카페인이 함유된 식품은 위 점막을 자극하여 속쓰림 등의 작용을 타나낼 수 있으며, 위산 분비를 촉진시켜 위궤양이나 위염을 일으킬 수도 있다. 또한 카페인의 과다 섭취는 위산의 과다 분비가 이뤄지게 한다. 보통 4~8mg/kg 정도의 카페인을 섭취하게 되면 위산 분비가 증가한다고 알려져 있다.

차도 카페인을 포함하고 있는 음료로 과다한 양을 마셨을 때 위산의 역류를 유발하거나 식도에 직접 자극을 주어 속쓰림을 유발할 수 있을 것으로 추측이 된다. 또한 커피와 차는 기호에 따라 설탕이나 우유, 크림 등을 넣어 마실 수 있는데 이러한 첨가물로 인한 속쓰림의 발생 가능성도 생각해 볼 수 있다. 그러나 녹차나 홍차의 속쓰림 수치는 디카페인 커피에 약 절반 수준이며, 오룡차는 시판 음료 중에서 속쓰림 유발이 가장 적었다. 이 결과로 생각해보면, 차에서 속쓰림을 유발할 수 있는 것은 사실이지만 그것이 다른 음료에 비해 높은 수준이 아니며, 어느 음료를 마셔도 속쓰림은 유발될 수 있다. 또한 중국에서 이루어진 연구에 따르면, 차를 연하게 마셨을 때는 위산의 분비나 위도, 식도의 역류현상이 나타나지 않았으나 차를 진하게 우려 마셨을 때는 식도산이 분비되는 횟수가 많아진다고 했다.[4] 차를 마셔서 생길 수 있는 속쓰림을 예방하기 위해, 빈속에 차를 마시는 것은 주의하는 것이 좋다. 그리고 과도하게 진하게 우린 차를 마신다든가, 너무 많은 양의 차를 한번에 마시지 않도록 신경쓰자.

차에 농약이 남아 있지 않나요?

식품위생법에 따라 식품에 잔류하는 농약에 대해서는 최대 잔류허용량MRL(Maximum Residue Limits)이라는 것을 설정한다. 모든 농산물에 대한 농약 안전성 여부는 MRL의 기준을 초과하는가에 따라 결정된다. 또한 생산 단계에 있어서도 유해물질 잔류 허용기준이 설정되어 있어, 우리나라의 차에는 16개의 기준을 정해 놓고 있다. 즉, 이 기준에 통과하지 못하면 시중에 유통될 수가 없다. 또한 우리나라에서는 친환경 농산물을 유기농산물과 무농약농산물로 구분하여 표시하고 있다. 유기농은 3년 이상 화학비료나 농약을 쓰지 않고 미생물이나 자연광석 등의 유기물과 천연비료를 사용하여 키운 농산물을 의미하며, 무농약은 화학비료는 권장량의 3분의 1 이내로 사용하고 농약을 사용하지 않는 농산물에 붙일 수 있는 표시이다. 이에 따라 우리나라에서 생산되는 차들도 이와 같은 표시를 붙여 소비자에게 안내하고 있으므로, 이에 맞춰 이용할 수 있다.

또한 수입 제품의 경우는, 식약처의 검사기준에 맞춰 타르 색소, 납, 주석, 잔류 농약 등에 대해 철저한 검사를 거쳐야만 수입이 가능하다. 다만, 정식으로 통관되는 수입 차들이 아닌 일부 구매대행, 보따리상 등의 방식으로 구입한 제품들의 경우는 안전성 부분에서 담보되지 않기 때문에 각별히 주의해야 한다. 관련 연구에 따르면, 차를 우려 마셨을 때 사람이 섭취할 수 있는 가능성이 있는 농약의 잔류량은 매우 미미하다는 것이 밝혀졌다.[5] 그러나 우리의 건강과 안전을 위해 차는 생산자가 확실한 것, 유기농이나 무농약 등의 친환경 여부를 확인할 수 있는 것을 구입하거나 수입 제품인 경우 정식 통관을 거친 제품을 구입하는 것이 바람직하다.

2. 현대인의 병증과 보이차

01 고지혈증과 보이차

1. Sano M, Takenaka Y, Kojima R, Saito S, Tomita I, Katou M, Shibuya S. <*Effects of Pu-erh tea on lipid metabolism in rats*>, Chemical and Pharmaceutical Bulletin, 1986, 34(1), pp.221-228.
2. Hiroyuki Fujita, Tomohide Yamagami. <*Antihypercholesterolemic effect of Chinese black tea extract in human subjects with borderline hypercholesterolemia*>, Nutrition Research, 2008, 28(7), pp.450-456.
3. Fujita H, Yamagami T. <*Efficacy and safety of Chinese black tea(Pu-ehr) extract in healthy and hypercholesterolemic subjects*>, Ann Nutr Metab, 2008, 53(1), pp.33-42.
4. 李捷·邱湘·範萍·常暢·楊崇仁·張穎君·陳國珍·胡金波, 「普洱茶片調節高脂血症60例」, 『中國中醫藥現代遠端教育』, 2009, 7(11), pp.22-23.
5. 宋小鴿·唐照亮·侯正明·袁靜·章複淸·陳全珠·劉先華, 「茶多酚對大鼠高血脂預防作用」, 『中醫研究』, 1998, 11(1), pp. 19-20.
6. Kuan-Li Kuo, Meng-Shih Weng, Chun-Te Chiang, Yao-Jen Tsai, Shoei-Yn Lin-Shiau, and Jen-Kun Lin. <*Comparative studies on the hypolipidemic and growth suppressive effects of oolong, black, pu-erh, and green tea leaves in rats*>, Journal of Agricultural and Food Chemistry, 2005, 53(2), pp.480-489.
7. 薛水英, 『雲南普洱茶中有效降血脂成分的檢測與評價』, 成都理工大學, 2009.
8. Kee-Ching Jeng, Chin-Shuh Chen, Yu-Pun Fang, Rolis Chien-Wei Hou, Yuh-Shuen Chen. <*Effect of microbial fermentation on content of statin, GABA, and polyphenols in Pu-Erh tea*>, Journal of Agricultural and Food Chemistry, 2007, 55(21), pp.8787-8792.
9. 陳婷, 「普洱茶茶褐素降血脂功效及其作用機制研究」, 雲南農業大學, 2009.

02 고혈압과 보이차

1. Pawel Bogdanski, Joanna Suliburska, Monika Szulinska, Marta Stepien, Danuta Pupek-Musialik, Anna Jablecka. <*Green tea extract reduces blood pressure, inflammatory biomarkers, and oxidative stress and improves parameters associated with insulin resistance in obese, hypertensive patients*>, *Nutrition Research*, 2012, 32(6), pp.421-427.
2. Hiroko Negishi, Jin-Wen Xu, Katsumi Ikeda, Marina Njelekela, Yasuo Nara, Yukio Yamori. <*Black and green teapolyphenols attenuate blood pressure increases in stroke-prone spontaneously hypertensive rats*>, *The Journal of Nutrition*, 2004, 134(1), pp.38-42.
3. 何國藩·林月彈·徐福祥, 普洱茶對人血壓心率及腦血流圖的影響, 中國茶葉, 1990, (2), pp.27-28.

03 당뇨병과 보이차

1. 全吉淑·尹學哲·及川和志,「茶多糖降糖作用機制」,『中國公共衛生』, 2007, 23(3), pp.295-296.
2. 陳建國·王茵·海松·來偉旗·付穎·胡欣,「茶多糖降血糖·改善糖尿病症狀作用的研究」,『浙江省醫學科學院學報』, 2005, 5(6), pp.144-146
3. 江和源·鄭高利,「茶多糖降小鼠血糖功能的實驗研究」,『食品科學』, 2004, 25(6), pp.166-169.
4. 周斌星·孔令波·陳軍賢,「普洱茶多糖的提取及降血糖的研究」,『中國農學通報』, 2009, 25(15), pp.55-59.
5. 李捷·吉俊翠·李修宇·常暢·楊崇仁·張穎君·陳國珍·胡金波,「普洱熟茶片調節血糖的臨床觀察」,『雲南中醫學院學報』, 2009, 32(2), pp.47-48.

04 동맥경화와 보이차

1. 邵宛芳,『普洱茶保健功效科學讀本』, 雲南科技出版社, 2014.
2. Yang T T C, Koo M W L. <*Hypocholesterolemic effects of Chinese tea*>, *Pharmacological Research*, 1997, 35(6), pp.505-512.
3. 卓婧·趙明·周紅傑,「普洱茶降脂功能及活性成分研究進展」,『中國農學通報』, 2011, 27(2), pp.345-348.
4. 孫璐西·張惠泉 等,「普洱茶之抗動脈硬化作用」,『2002年中國普洱茶國際學術

研討會論文集』, 雲南人民出版社出版, 2002, (1), pp.309-317.
5. Hwang Lucy Sun, Lin Lan-Chi, Chen Nien-Tsu, Liuchang Huei-Chiuan, Shiao Ming-Shi. <*Hypolipidemic effect and antiatherogenic potential of Pu-Erh tea*>, ACS Symposium Series, 2003, (859), pp.87-103.

05 비만과 보이차

1. Sano M, Takenaka Y, Kojima R, Saito S, Tomita I, Katou M, Shibuya S. <*Effects of Pu-erh tea on lipid metabolism in rats*>, Chemical and Pharmaceutical Bulletin, 1986, 34(1), pp.221-228.
2. Kuan-Li Kuo, Meng-Shih Weng, Chun-Te Chiang, Yao-Jen Tsai, Shoei-Yn Lin-Shiau, and Jen-Kun Lin. <*Comparative studies on the hypolipidemic and growth suppressive effects of oolong, black, pu-erh, and green tea leaves in rats*>, Journal of Agricultural and Food Chemistry, 2005, 53(2), pp.480-489.
3. 何國藩·林月嬋·徐福祥,「普洱茶對腸段的舒縮推進運動和胃蛋白酶分泌的影響」,『中國茶葉』, 1988, (2), pp.6-8.
4. 熊昌雲·彭遠菊·王興華·崔文銳·李鳳娟·何普明,「普洱茶不同溶劑提取組分降脂減肥作用的比較研究」,『茶葉科學』, 2012, 32(6), pp.543-551.
5. 周寧娜·代蓉·李松梅·何曉山·林青,「普洱茶減肥作用的藥理學基礎研究」, 中華中醫藥學刊, 2009, 27(7), pp.1535-1536.
6. 周紅傑·龔加順·王星銀 等,『雲南普洱茶』, 雲南科技出版社, 2004. xs
7. 黃業偉·邵宛芳·李智·石磊·張冬英,「普洱茶對小鼠體重的控制作用研究」,『食品研究與開發』, 2012, 33(12), pp.187-190.
8. 鄒曉菊·丁毅弘·梁斌,「普洱茶減肥·降脂機制的探討」,『動物學研究』, 2012, 33(4), pp.421-426.

06 암과 보이차

1. 謝貞建·趙超群·鄒聯柱·唐鵬程·焦士蓉,「普洱茶多酚的提取及抗氧化作用研究」,『食品與機械』, 2009, 25(1), pp.64-67.
2. 林智·呂海鵬·崔文銳·折改梅·張穎君·楊崇仁,「普洱茶的抗氧化酚類化學成分的研究」,『茶葉科學』, 2006, 26(2), pp.112-116.
3. 梁明達·胡美英,「普洱茶-廿一世紀的抗癌保健飲料」,『農業考古』, 1993, (4), pp.78-79

07 노화와 보이차

1. 莊秋榕·于海江·鄭悠·李進芳·蘇娟·秦燕,「普洱茶膏抗小鼠衰老的保健作用」,『四川生理科學雜誌』, 2014, 36(1), pp.12-14.
2. 李捷·吉俊翠·邱湘·靳松·李江溫·楊崇仁·張穎,「普洱茶片對中老年人抗氧化作用臨床觀察」,『雲南中醫學院學報』, 2010, 33(4), pp.40-41.
3. Yang Xu, Hang Zhao, Min Zhang, Chun-Jie Li, Xue-Zhen Lin, Jun Sheng, Wei Shi. <Variations of Antioxidant Properties and NO Scavenging Abilities during Fermentation of Tea>, International Journal of Molecular Sciences, 2011, 12(7), pp.4574-4590.
4. 何強·伍尙敏,「普洱茶在抗衰老中的作用」,『中國美容醫學』, 2016, 25(2), pp.101-103.
5. 何強·伍尙敏,「普洱茶在抗衰老中的作用」,『中國美容醫學』, 2016, 25(2), pp.101-103.
6. 王媛·榮華·初曉輝 等,「普洱茶提取物及普洱茶多糖對人成纖維細胞抗衰老作用機制硏究」,『雲南農業大學學報』, 2015, 30(2), pp.219-227.

3. 차와 건강의 새로운 패러다임

02 차에 관한 오해와 진실

1. 俞輝·馬軍輝·丁藝豐·王校常,「茶氨酸對咖啡因興奮作用的拮抗機理分析」,『中國藥物依賴性雜誌』, 2012, 21(4), pp.260-263.
2. 이승미,「의약품과 음료로부터 섭취한 카페인과 출혈성 뇌졸중 발생 위험에 관한 환자-대조군 연구」, 서울대학교, 2007.
3. 김영관·문정섭·류수형·이정환·김유선,「국내 유통 중인 음료식품과 속쓰림과의 관련성에 관한 연구」,『대한소화기학회지』, 2010, (55), pp.109-118.
4. 顔曉晴·郝洪升·楊依祚·呂國蘋·孫莉娟·陸曉恒,「不同濃度茶飮對胃食管反流病的即時影響」,『山東大學學報(醫學版)』, 2011, 49(6), pp.119-124.
5. 조순길,「녹차 중 잔류농약 특성 및 다성분 분석법 연구」, 전북대학교, 2012.